99×
ALLGÄU
wie Sie es noch nicht kennen

Alexander Pohle

Inhalt

Ostallgäu

Oberallgäu

Vorwort

Nachdem ich mit 99x Bodensee bereits die wunderschöne Bodenseeregion vorstellen durfte, freue ich mich sehr, nun auch die 99 Entdeckungen, die ich im Allgäu machen konnte, präsentieren zu können. Das Allgäu gehört sicher zu den schönsten und abwechslungsreichsten Regionen in Deutschland. Da es hier aber sehr hügelig ist, musste ich die Idee, wieder mit dem Fahrrad auf Tour zu gehen, recht schnell verwerfen. Nachdem auch das Moped (»NSU-Quickly« samt Anhänger und Hund) vor den steilen Hügeln kapitulierte, kam ich zu dem Schluss, dass wohl das Auto das beste Fortbewegungsmittel ist, um das Allgäu zu erkunden. Denn vor allem im ländlichen Raum gibt es wenige öffentliche Verkehrsverbindungen. Einmal angekommen, geht aber natürlich nichts über die guten alten Beine. Denn erst nach dem einen oder anderen Fußmarsch hat man die unzähligen tollen Plätze erreicht. Manches Mal ist der Weg sogar schon fast das Ziel.

Mir persönlich gefallen die große Vielfalt und Abwechslung von Natur, Kultur und Technik, die das Allgäu bietet. Die 99 Orte, die in diesem Buch vorgestellt werden, können natürlich nur Vorschläge und Anregungen sein, um sich selbst auf den Weg zu machen. Das Angebot ist einfach riesig, deshalb wird jeder Besucher sicher das Richtige für sich finden. Dabei sollte man auch die nicht alltäglichen Dinge ausprobieren.

Die beste Zeit, um auf Entdeckungstour zu gehen, ist von Frühjahr bis Herbst. Aber natürlich hat auch der Winter so einiges zu bieten. Viel Vergnügen bei Ihren eigenen Erkundungen und Ausflügen im »Blauen Land«.

Ihr Autor und Fotograf
Alexander Pohle

Ein Adler in Dietmanns

Die Allgäuer Gastronomie hat ja einiges zu bieten. Den »Adler« in Dietmanns gibt es aber nur einmal. Hier trifft nicht nur Kultur auf Kulinarisches, es treffen sich auch Gäste aller Alters- und Gesellschaftsschichten. Im Sommer sitzt man im Biergarten besonders schön!

Iris und Dieter Hierlemann haben der historischen Gaststätte aus dem 17. Jahrhundert ein neues Erscheinungsbild gegeben, und man kann den »Adler« heute getrost als Kulturtreff bezeichnen! Denn neben der gemütlichen, im Stil der oberschwäbischen Jahrhundertwende eingerichteten Gaststätte mit 45 Sitzplätzen lockt im Sommer der »Dietmannser Adler'sche Biergarten«. Die Karte ist die gleiche wie im Lokal, und wenn das Wetter mitspielt, ist ein Sonnenuntergang im von Bäumen eingewachsenen Biergarten ein Spektakel. Drinnen und draußen wird das ganze Jahr über preiswert geschlemmt, Boule gespielt oder sich zum Stammtisch getroffen.

Auf der Livebühne im »Adler-Saal« finden von Januar bis Mai und von September bis Dezember Kleinkunstveranstaltungen statt. Der Saal bietet Platz für maximal hundert Personen, und wenn er einem besonders gut gefällt, kann er auch für Familien- und Betriebsfeiern sowie für Hochzeiten gemietet werden. Seit mittlerweile über 20 Jahren treten namhafte Kabarettisten und Comedians im »Adler« auf. Einige »Große« standen hier schon auf den Brettern, bevor sie berühmt geworden sind. Im Sommer ist dann aber Biergartenzeit mit tollen Open-Air-Konzerten. An Sonn- und Feiertagen und für Veranstaltungen sollte man daher am besten reservieren.

Der »Adler Dietmanns« ist Mitglied der regionalen Initiative »LandZunge« und inzwischen sogar zum »LandZunge Plus«-Betrieb aufgestiegen! Dabei handelt es sich um ausgewählte Landgasthöfe, die regional und ökologisch angebaute Produkte fördern und zubereiten. Gerne auch mit einem frisch gezapften »LandZüngle«-Bier. Na dann, Prost!

Der Adler Dietmanns · Mo, Do–Sa 17–24 Uhr, So, Feiertag 11.30–24 Uhr, Di, Mi Ruhetag · Ochsenhausener Str. 44 · 88410 Bad Wurzach-Dietmanns · Tel. 0 75 64/9 12 32 · www.adler-dietmanns.de · Haltestelle: Busbahnhof Wangen, Fußweg ca. 5 Min.

Der Eingang zum Gasthaus Adler in Dietmanns

Verkaufsladen und ehemalige Gastwirtschaft des Finkhofs
Teil des großen Angebots an gesponnener Schafswolle

Spinnen auf dem Finkhof

Seit seiner Gründung in Isny hat der Finkhof so einiges erlebt. Für die ersten Schafe wurde noch gesammelt und 1977 der erste Film über den Hof gedreht. Zwei Jahre später gründeten zwölf der Bewohner die Schäfereigenossenschaft in Arnach. Seitdem spinnen hier fast alle Schafwolle.

Gegenüber dem Wohnhaus, dem ehemaligen Gasthaus Adler, befinden sich heute das Versandgebäude und der Hofladen. Von September bis April geht es hier hoch her, die Schafe stehen dabei natürlich im Mittelpunkt. Nach der Schur geht es an die Weiterverarbeitung der Wolle. Viele Produkte haben eine lange Vorlaufzeit, denn es wird gewebt, gestrickt, gefärbt, gewalkt oder ein neuer Schnitt ausprobiert. Von der Gerberei kommen viele Felle in den Direktverkauf, beschädigte werden dagegen in der Fellnäherei zu Fellschuhen, Rückenwärmern, Kuschelkissen, Fahrradsattelbezügen oder Fellauflagen verarbeitet. Seit mehr als 20 Jahren gibt es jetzt schon die »Märchenwolle«, Wollgarne, die im Sommer für den Laden und die Weberei gefärbt werden. Aus dieser Handweberei stammen auch die mit Sorgfalt hergestellten Schals oder Türvorhänge aus Filz.

Wolle und Fleisch stehen zwar immer noch hoch im Kurs, die Landschaftspflege mit 650 Mutterschafen rückt aber immer mehr in den Vordergrund und hilft, die Kulturlandschaft der Schwäbischen Alb zu erhalten. Die Schäferei ist im Übrigen ein anerkannter Ausbildungsbetrieb und arbeitet nach den Bioland-Richtlinien.

Der Hofladen hat ebenfalls eine spannende Vergangenheit. War er anfänglich noch das Dorfgefängnis, wurde er später als Schweinestall und schließlich als Bäckerei genutzt. Heute kann man hier das gesamte Schafwolle-Angebot anschauen und anprobieren. Da Beratung großgeschrieben wird, ist es sinnvoll, vor einem Besuch anzurufen – dann nimmt sich das Team gerne Zeit. Ein Besuch ist sicher ein Erlebnis, aber alle Produkte können auch telefonisch oder via Internet bestellt werden.

Schäfereigenossenschaft Finkhof eG · Mo–Fr 9–12, 14–18 Uhr, Sa 9–13 Uhr · St.-Ulrich-Str. 1 · 88410 Bad Wurzach · Tel. 0 75 64/93 17 11 · www.finkhof.de · Haltestelle: Bahnhof Leutkirch, Bus bis Arnach

Im Eingangsbereich des Automuseums

Beim »Autopapst«

Eines der schönsten, privaten Automobilmuseen hat Fritz B. Busch 1973 am Rande des Allgäus eröffnet. Sein »Erzähl-Museum« hat Atmosphäre – und der Cadillac des Schauspielers Hans Albers oder der Rennporsche des früheren jordanischen Königs Hussein I. warten auf Besuch.

Heute beherbergt das wirklich sehenswerte Automobilmuseum mehr als 200 Oldtimer. 1922 in Erfurt geboren, behauptete Busch, stets sich daran erinnern zu können, dass die Hebamme bei seiner Geburt nach Benzin roch und sein Interesse an Autos daher stamme.

Richtig bekannt wurde der »Autopapst«, wie er in der Szene genannt wird, als er in *auto motor und sport* zu veröffentlichen begann. Seine unverwechselbare »Schreibe« stellte alles bisher Dagewesene auf den Kopf, und seine Artikel der Serie *Für Männer, die Pfeife rauchen* sind legendär. Busch war aber nicht nur Autojournalist, er moderierte auch Autosendungen im Fernsehen und war Autotester für den *Stern*. Als einer der Ersten in Deutschland eröffnete er schließlich im Jahr 1973 ein privates Automuseum, das er auf seine eigene, unterhaltsame Art gestaltete. Hatte er doch in 36 Jahren so viel Abenteuerliches erlebt, dass man allein darüber ein fesselndes Buch hätte schreiben können. Der VW Golf aus Buschs Buch *Der große Test*, mit dem er 1974/75 von Alaska nach Feuerland fuhr, ist ebenso ausgestellt wie sein Diesel-Eigenbau, mit dem er 1975 mit 253 km/h einen neuen Weltrekord aufstellte. Man findet hier aber auch die von ihm selbst entworfenen Wohnwagen. Als Freund des Campings und »Deutscher Campingpreisträger« fuhr er sogar einmal ums Mittelmeer. Er war außerdem großer Oldtimer-Fan, und es stapelten sich bald seine Sammelobjekte ums Haus, bis es seiner Frau zu viel wurde. Im Schloss des Fürsten Max Willibald von Waldburg-Wolfegg durfte er deshalb ein 500 Jahre altes Gebäude beziehen. Seit Busch 2010 im Alter von 88 Jahren verstarb, wird sein Lebenswerk von seiner Tochter Anka weitergeführt.

Automobilmuseum Fritz B. Busch · Anfang Nov.–Mitte März So 10–17 Uhr, ab Mitte März tgl. 10–17 Uhr · Fritz-B.-Busch-Weg 1 · 88364 Wolfegg · Tel. 0 75 27/62 94 · www.automuseum-busch.de · Haltestelle: Bahnhof Wolfegg, Fußweg 15 Min.

Märchenhafter Elfenweiher

Wer die Natur mag, wird ihn lieben, den Weg durch das Natur-schutzgebiet Girasmoos. Die Aussicht ist grandios, und dass der Giras- und der Elfenweiher künstlich angelegt wurden, fällt über-haupt nicht auf. An heißen Tagen ist im Elfenweiher sogar Baden erlaubt.

Wer mit dem Finger auf der Landkarte von Bergatreute über Wit-schwende in Richtung Alttann fährt, landet bei einem Wald. Auf knapp zehn Hektar Fläche entstand hier einst das Girasmoos durch Versumpfung mitten im Tal der Wolfegger Ach. Es handelt sich um ein Kalkflachmoor, das seit 1973 unter Naturschutz steht. Von hier oben, auf ungefähr 650 Höhenmetern, schaut man auf das gesamte Tal. Allein dieser Blick ist die Wanderung wert und nicht nur für Wanderfreunde ein echtes Highlight. Ein geteerter Weg führt zu den beiden Weihern hinab, die durch einen schmalen, befahrbaren Damm voneinander getrennt sind. Der Giras-Wei-her ist ein privater Fischweiher. Der andere hat den wohlklingenden Namen Elfenweiher. In dem darf man sogar baden, und das mitten im Naturschutz-gebiet. Trotz längerem Auf-der-Lauer-Liegen ist es aber nicht gelungen, eine märchenhafte Elfe vor die Linse zu bekommen. Vielleicht liegt das daran, dass der Damm im Winter 2014/15 saniert wurde und sie sich des-halb gestört fühlten… Keine Sorge, ab Mai 2015 kann wieder gebadet werden, vorher ist es sowieso noch zu kalt. Aber aufgepasst, die Stege sind leider nur für die Angler.

Beide Weiher wurden Anfang bzw. Mitte des letzten Jahrhunderts künstlich angelegt und befinden sich in Privatbesitz. Wer hier also gerne ein Lagerfeuer machen möchte, sollte vorher fragen. Das Wandergebiet »Höll« liegt nicht weit von den Weihern entfernt, und bis heute erinnert ein ehemaliges Gasthaus in Weissenbronnen an die Räuberbande des »Schwarzen Veri«, des Xaver Hohenleiter, die hier verkehrte und die den Bauern aus der Umgebung Lebensmittel raubte.

Elfenweiher · Kapellenstraße · 88368 Bergatreute · www.seen.de/elfenweiher ·
Haltestelle: Bahnhof Alttann, Fußweg ca. 30 Min., besser mit dem Auto

Der Weg auf dem Damm zwischen den beiden Weihern

Ein Labyrinth aus Steinen

Die Gegend um den schönen Rohrsee ist bei Naturfreunden schon lange und zu Recht bekannt und entsprechend beliebt. Aber das Steinlabyrinth in einer ehemaligen Kiesgrube am Weg nach Molpertshaus kennen die wenigsten. Ist es nicht schön, was aus Steinen alles entstehen kann?

Von außen nicht zu sehen, befindet sich das Steinlabyrinth, das sofort alle Aufmerksamkeit auf sich zieht, mitten in einer ehemaligen Kiesgrube am Ortsende von Molpertshaus. Aufeinandergestapelte Steine, die von Pflanzen umringte Wegmarkierungen bilden, werden hier mit viel Liebe zum Detail zu einem begehbaren Irrgarten, in dem es unglaublich viel zu entdecken gibt: Tiere, Namen oder Sternbilder sind aus aneinandergereihten Steinen entstanden. Den schönsten Blick darauf hat man von oben, vom Rand der Kiesgrube. Quasi aus der Vogelperspektive sind die aus Steinen gelegten Motive und Namen am besten zu erkennen.

Steine sind für Christine Blattner schon lange gute Begleiter und Wegbereiter. Sie sind auch der Grund, warum sie die »Steinfrau« genannt wird, und das Material für ihr künstlerisch-spirituelles Schaffen. Das im Jahr 2006 erbaute, begehbare Stein-Labyrinth war Teil eines Kunstprojekts, und wie sie selbst sagt, »Teil ihres wachsenden Verständnisses für dieses elementare und spirituelle Ursymbol«. Es liegt ihr am Herzen, Steine für interessierte Menschen erfahr- und begreifbar zu machen. In ihrem kleinen Atelier ist dann auch eine entsprechende Vielfalt an Steinen zu finden: filigran bemalte, ursprünglich belassene oder mit Botschaften versehene Steine, Labyrinth- und Ritualsteine sowie Steinfrauen. Wenn Sie zu Hause ist, freut sie sich über Besuch. Der Steinlabyrinthplatz befindet sich ganz in der Nähe ihres Ateliers in einer stillgelegten Kiesgrube direkt am Roßberger Weg. Einfach dem Trampelpfad folgen, aber aufgepasst: Es handelt sich hier um Privatbesitz, der Abstieg ist ungesichert und das Betreten erfolgt auf eigene Gefahr. Trotzdem absolut sehenswert!

Christine Blattner · Roßberger Weg 13 · 88364 Wolfegg-Molpertshaus · Tel. 0 75 27/92 10 70 · Haltestelle: Bahnhof Bad Waldsee, Bus bis Molpertshaus, Fußweg 15 Min., mit dem Auto: vom Gasthof Adler in den Roßberger Weg, nach dem ersten Haus rechts, nach ca. 100 m links zum Atelier

Die Steinlabyrinthe in der Kiesgrube

Vor dem Laden stehen täglich frische Blumengestecke.

Das letzte »Tante-Emma«-Kaufhaus

»Tante-Emma«-Läden werden immer seltener, aber in Wolfegg gibt es noch einen. Und was für einen, nämlich gleich ein ganzes Kaufhaus. Das Ehepaar Ott betreibt es schon seit Jahrzehnten, und hier gibt es nichts, was es nicht gibt, sonst wird es besorgt. Selbst wer gar nichts kaufen möchte, sollte diesen Laden besuchen!

Egal, ob man(n) vergessen hat, Brot einzukaufen oder sich bei seiner Frau entschuldigen will – und dafür frische Blumen braucht. Ja, selbst wenn die passende Vase für die Blumen fehlt oder verliebte Pärchen spontan ein Stelldichein haben, alles kein Problem im Kaufhaus Ott. Hier gibt's so ziemlich alles, was im Alltag benötigt wird und noch viel mehr. Der Slogan des Hauses »Es gibt nichts, was der Ott nicht hat oder besorgen kann«, ist keine leere Worthülse, sondern schlichtweg wahr. Seit inzwischen über 110 Jahren können dort nämlich Kunden auf 200 Quadratmetern aus einer solchen Fülle an Produkten wählen, die sogar heute ihresgleichen sucht. Um sich auch nur einen kleinen Überblick über das Angebot des Kaufhauses zu verschaffen, braucht man Zeit, viel Zeit und Muße. Sicher wird jeder Besucher etwas finden, auch wenn er es gar nicht gesucht hat. Alles aufzuzählen ist aber gar nicht möglich. Schreibwaren, Kerzen, Bücher, Dekoartikel, Geschirr, Töpfe, ja sogar Kleidung gibt es und Bio-Produkte wie Tee, Schokolade und Kaffee in großer Auswahl. Alles ausgesuchte Dinge, die nicht überall zu finden sind. Eine besondere Fundgrube ist auch die Kurzwarenabteilung, denn selbst in Städten muss man lange suchen, um überhaupt noch eine zu finden. Und für die Blumen-Arrangements, Gestecke und Kränze – das besondere Hobby von Maria Ott – kommt die Kundschaft von weither.

Das Kaufhaus Ott ist eine Mischung aus Flohmarkt, Kolonialwaren- und Lebensmittelladen mit integrierter Bäckereifiliale. Letztere bietet sogar tagesfrische, sehr leckere Bio-Backwaren aus regionaler Herstellung an. Hier in Wolfegg ist eine bodenständige Nahversorgung erhalten geblieben. Und ein Besuch fühlt sich ein wenig an wie ein Sprung in längst vergangene Zeiten.

Kaufhaus Ott · Mo, Di, Do, Fr 8–12.30, 14.30–18.30 Uhr, Mi, Sa 8–12.30 Uhr · Wette 1 · 88364 Wolfegg · Tel. 0 75 27/68 62 · Haltestelle: Bahnhof Wolfegg, Fußweg ca. 15 Min.

Das Rudolf Wachter-Museum im Neuen Schloss

Das Neue Schloss in Kißlegg beherbergt seit 2005 einen großen Bestand der Werke des Holzbildhauers Rudolf Wachter. Seine Arbeiten haben maßgeblich zu einer neuen Sicht auf die Holzbildhauerei in Deutschland beigetragen. Eine gelungene Mischung aus Material, Form und Natur.

Schon das nach Entwürfen des Füssener Baumeisters Johann Georg Fischer zwischen 1721 und 1727 erbaute Neue Schloss mit seinen Beletagen, den mit reichlich Stuck versehenen Barockräumen und den zahlreichen Fresken ist einen Besuch wert. Heute beherbergt es auf drei Stockwerke verteilt neben dem Heimatmuseum, das Gäste- und das Bürgerbüro der Gemeinde Kißlegg und das Rudolf Wachter-Museum.

Der 1923 geborene Holzbildhauer war bei seinen verschiedenen Werkreihen stets der Form und Struktur des Holzes auf der Spur. Er orientierte sich am Wuchs des Holzes, und so entstanden minimalistische, abstrakte Formen, die er mit nur wenigen Eingriffen hervorbrachte. Seine teils monumentalen Arbeiten und Wandreliefs bilden eine symbiotische Verbindung von Kunst und Natur, und durch die Gestaltung in Quader oder Rundkörper gelingt es ihm, dem Betrachter die Ausdruckskraft der im Holz angelegten Strukturen nahezubringen. Feinschliff oder gar eine Versiegelung des Holzes lehnte er dabei stets ab, um die Arbeitsspuren des verwendeten Werkzeugs nicht zu kaschieren. Der künstlerische Gestaltungsprozess sollte eine Art Kräftemessen oder Dialog zwischen Mensch und Natur sein. Auf dem Skulpturenweg, der am Neuen Schloss beginnt, werden an weiteren zehn Stationen in den Landkreisen Ravensburg und Sigmaringen die unterschiedlichen Schaffensphasen des 2011 verstorbenen Bildhauers vorgestellt.

Nicht alle Bereiche des Schlosses sind ständig zugänglich, deshalb sollte man sich vor einem geplanten Besuch informieren. Nach Anmeldung können sämtliche Räume im Rahmen einer gebuchten Führung oder bei einer der jeweils Sonntag um 15 Uhr stattfindenden Führungen besucht werden.

Neues Schloss · März–Okt. Di, Do, Fr 14–17 Uhr, So, Feiertag 13–17 Uhr · Schlossstraße 5 · 88353 Kißlegg · Tel. 07563/936142 · www.kisslegg.de · Haltestelle: Bahnhof Kißlegg, Fußweg ca. 5 Min.

Holzskulpturen von Rudolf Wachter

Mitten im Wald auf einem Hügel liegt der »Heilige Stein«.

Der »Heilige Stein«

Wie von Riesenhand hingeworfen liegt er da, versteckt im Tannen-wald zwischen Waltershofen und Sigrazhofen. Der große, mit Moos bewachsene Findling aus Granit – bekannt als »Heiliger Stein«. Das Gewicht dieses Naturdenkmals wird auf stolze 39 Tonnen geschätzt.

Der Gneisblock nahe des Kißlegger Ortsteils Waltershofen, der aus der Würm-Kaltzeit stammt, ist ein Geschenk der Alpen und wurde vor lan-ger Zeit von einem Gletscher hierher befördert. Als es wärmer wurde, schmolz dieser ab und der Felsbrocken blieb dort liegen. Da Besonderheiten in der Natur die Menschen seit jeher zu übersinnlichen Erklärungen veran-lasst haben, vermischt sich der Glaube an Wunder mit dem an Magie. So sind mystische Orte entstanden, von denen es im Allgäu viele gibt.

Geheimnisvoll ist er schon der Felsbrocken auf der Kißlegger Gemar-kung. Obwohl er nicht ganz leicht zu finden ist, lohnt schon der Fußweg hinauf zur Kuppe mit dem »Heiligen Stein« mitten im Wald. Das besonders große und eindrucksvolle Exemplar ist ein gewaltiger Findling. Drumherum liegen, fast wie ein Kranz, auffallend viele, aber weitaus kleinere Felsbro-cken. Auf einem Baumstumpf, dessen Wurzeln bis unter den Stein reichen sollen, ist wohl vor nicht allzu langer Zeit ein kleiner Altar aufgebaut wor-den. Mit Kreuzbild, Blumen, Steinen und einem ewigen Licht. Es wird näm-lich berichtet, dass unter dem Stein ein Kirchenschatz vergraben sein soll, und wenn am Karfreitag Punkt 12 Uhr die Kirchenglocken läuten, hebt sich der Stein von allein. Diese Geschichte wird aber nur Auswärtigen erzählt, denn jeder Einheimische weiß, dass, so der Volksmund, am Karfreitag »die Kirchenglocken nach Rom fliegen« und deshalb natürlich nicht läuten kön-nen. Einige Schatzsucher müssen es aber dennoch versucht haben, denn Grabungsversuche sind immer noch deutlich zu erkennen. Nicht weit ent-fernt von hier gibt es noch einen anderen heiligen Stein, den »Großen Stein« zwischen Arnach und Eintürnen.

Der »Heilige Stein« Kißlegg · Im Wald, Kißlegger Gemarkung · 88353 Kißlegg · www.kissleg.de · Haltestelle: Bahnhof Kißlegg, Fußweg 1,5 Std., besser mit dem Auto

Riesige Lampions in Isny

Ballonfahren wird ja immer beliebter, bleibt aber dennoch etwas ganz Besonderes. Wer schon einmal das mittlerweile zur Tradition gewordene »Ballonglühen« erlebt hat, weiß, wovon er spricht, wenn er sagt: »Einfach unvergesslich und genial«. Wer selbst mitfährt, wird vollends abheben!

Das Dreikönigs-Ballontreffen gibt es seit zwanzig Jahren. Begonnen hatte es Anfang der Neunzigerjahre in Immenried. Als der Platz dort zu klein wurde, zog es um nach Kißlegg, und seit die Winter immer wärmer werden, findet es in Isny statt. Aber eines ist über die Jahre immer gleich geblieben, die Faszination, die davon ausgeht. Wer möchte, kann tagsüber das Allgäu auf faszinierende Weise von oben betrachten. Abends in der Dämmerung werden die riesigen Heißluftballone dann aufgestellt und leuchten im Takt der Musik abwechselnd auf.

Faszinierendes Ballonglühen am Dreikönigs-Abend

Seit 1989 hat Helmut Seitz mit seiner Crew schon über 49 große Luftfahrt-Veranstaltungen organisiert. Denn Ballonfahren hat seit der Zeit der Gebrüder Montgolfier nichts von seiner Faszination eingebüßt. Mit fünf eigenen Ballonen erfüllen Seitz und seine Piloten den Traum, nahezu lautlos über die Landschaft dahinzuschweben. Erfahrene Berufspiloten starten mit max. 4 bis 5 Passagieren an Bord, eine »Massenbeförderung« lehnt Seitz ab! Wer eine solche Fahrt gerne einmal selbst erleben möchte, sollte etwa 3 bis 4 Stunden Zeit mitbringen, denn die Passagiere werden bei den Startvorbereitungen und nach der Landung beim Einpacken mit eingespannt. Außerdem erwartet jeden »Neuling« nach der Landung die sogenannte »Ballonfahrer-Taufe«, mit der er in den Adelsstand der Ballonfahrer erhoben wird. Lassen Sie sich überraschen! Ein tolles Erlebnis, das so schnell nicht vergessen wird. Aber Vorsicht, Ballonfahren macht süchtig. Übrigens, ab einer Buchung von fünf Passagieren ist sogar ein Start vor der eigenen Haustür möglich. Der Startplatz des »Dreikönigs-Treffens« befindet sich am Ortsausgang Neutrauchburg, Richtung Isny, jedes Jahr am 6. Januar.

Ballonfahrten Helmut Seitz · Wucherer 1 (Büro) · 88353 Kißlegg · Tel. 0 75 63/9 22 82 · www.dreikoenigstreffen.de · Haltestelle: Bahnhof Wangen i. Allgäu, Bus bis Isny Neutrauchburg, Fußweg ca. 10 Min.

Uralte Bücher in der kleinen Bibliothek über der Kirche

Schmökern in der Isnyer Prädikantenbibliothek

Nachdem 1455 der Umbau der Nikolaikirche fast beendet war, wurde auch eine neue Sakristei in den Turm gebaut. Da über der Sakristei noch Platz war, hat man hier eine Bücherei eingerichtet. Heute ist diese die einzige im ursprünglichen Zustand erhaltene mittelalterliche Prädikantenbibliothek.

Die Arbeiten an der Bücherei, die heute als ein »bibliothekarisches Gesamtdenkmal« angesehen wird, waren schließlich 1506 beendet. Seit damals ist die Prädikantenbibliothek ein Ort, der die Zeit-, Kultur- und Kirchengeschichte des ausgehenden Mittelalters und der beginnenden Neuzeit der Reichsstadt Isny dokumentiert. Zu ihrem Bestand gehören unter anderem 70 Handschriften, 171 Inkunabeln und etwa 2400 Druckwerke des 16. bis 18. Jahrhunderts. Manche Handschrift wurde sogar angekettet, um sie vor Diebstahl zu schützen. An einigen Bänden sind sogar noch die Ösen vorhanden.

Prall gefüllt, vom dicken Wälzer bis zum Handbuch, sind die über drei Meter hohen Stehregale der Bibliothek, die über fünf Jahrhunderte Kriege und Feuer überstand. Dass sie samt der Sakristei von dem verheerenden Brand 1631 verschont blieb, während das komplette Schiff der Nikolaikirche ausbrannte, sehen viele als glückliche Fügung. Aber ganz ohne Schäden kam sie über die Jahrhunderte doch nicht davon. Denn mit beginnender Schneeschmelze zerschlugen immer wieder Dachlawinen vom Turm die Dachziegel. Meistens wurde es erst entdeckt, wenn es schon zu spät war. Aber trotz all der Wassereinbrüche sind die Bücher heute in einem erstaunlich guten Zustand. Die dicken Mauern der Bibliothek, die nie beheizt wurde, haben auch ihren Teil dazu beigetragen und sorgten für geringe Temperaturschwankungen. Außerdem regelten die in allen Regalen hinter den Büchern abgelegten Hopfenblüten die Luftfeuchtigkeit und bewahrten sie vor Schädlingen. Die meisten Bücher kamen wohl durch Schenkungen und Stiftungen in die Bibliothek, nur sehr wenige wurden gekauft.

Isnyer Prädikantenbibliothek · Ostern–31. Okt. Mi ab 10.30 Uhr · Kirchplatz 1 · 88316 Isny i. Allgäu · Tel. 0 75 62/5 59 02 · www.isny-evangelisch.de · Haltestelle: Bahnhof Wangen i. Allgäu, Bus Isny Marktplatz, Fußweg ca. 5 Min.

Der Gang führt zu den Ausstellungsräumen.
Die Sammlung hochwertiger Repliken von Friedrich Hechelmann im Schlosskeller

Kunst und Kultur in historischem Gemäuer

Kunst wird großgeschrieben im denkmalgeschützten Schloss Isny. In dem ehemaligen Benediktinerkloster wird sie für jeden Besucher lebendig, denn die ausgestellten Werke würdigen gleichermaßen die über 900-jährige Geschichte des Schlosses als auch die Allgäuer Landschaft.

Als die gesamte Schlossanlage im Jahr 1996 zum Verkauf stand, die Stadt Isny aber ablehnte, erwarb eine Bürgergruppe um den Künstler Friedrich Hechelmann das Anwesen und gründete 1998 die »Friedrich Hechelmann und Schloss Isny Kunst- und Kulturstiftung«. Die ehemalige Remise des Schlosses beherbergt heute die städtische Galerie, Räume für wechselnde Kunstausstellungen der Stiftung und die neue Kunsthalle, als Nachfolgerin der von Friedrich Hechelmann im Jahr 1993 gegründeten Kunsthalle Schwaben in Hofen. Der 1948 in Isny im Allgäu geborene Maler und Buchillustrator war von 1969–1972 Meisterschüler bei Professor Rudolf Hausner an der Akademie der bildenden Künste in Wien. Seine Visionen und Philosophie setzt er seither mit großem Enthusiasmus um, sie spiegeln sich in seinen zahllosen Bildern, Illustrationen und Büchern wider. In

▶ **Das buddhistische Waldkloster zwischen Isny und Buchenberg – ein Besuch ist aber nur nach vorheriger Anmeldung möglich!**

der neuen Kunsthalle konnten nun erstmals viele seiner großformatigen Werke der Öffentlichkeit präsentiert werden. Heute zeigt die Kunsthalle Isny eine Dauerausstellung der Werke von Friedrich Hechelmann.

Der ehemalige Speisesaal des Klosters ist eine weitere Attraktion des Schlosses. Im feierlichsten Saal der Stadt finden kulturelle Veranstaltungen wie Konzerte und Vorträge statt. Außerdem werden museumspädagogische Führungen für Familien und Kinder ab sechs Jahren angeboten.

Im Museumsshop der Kunsthalle befindet sich darüber hinaus ein großes Sortiment an Kunstpostkarten und Büchern, Faksimiles und kunstvoll handbemaltem Porzellan.

Kunsthalle im Schloss · Mi–Fr 14–18 Uhr, Sa, So, Feiertag 11–18 Uhr · Schloss 1 · 88316 Isny i. Allgäu · Tel. 0 75 62/91 41 00 · www.kunsthalle-schloss-isny.de · Haltestelle: Bahnhof Wangen i. Allgäu, Bus bis Kurhaus Isny, Fußweg ca. 5 Min.

Die Freilichtbühne am Stadtgrabenweiher

Stimmgewalt in Isny

Die Isny-Oper zählt inzwischen zu den kulturellen Highlights der Stadt und lockt jedes Jahr zahlreiche Fans der klassischen Musik ins Allgäu. Die Freilichtbühne am Stadtgrabenweiher mit ihren farbenfrohen Inszenierungen ist spektakulär, die jungen stimmgewaltigen Darsteller sind es nicht weniger.

Zuerst war da eine Idee, dann die erste Veranstaltung im Jahr 1989. Damals noch unter städtischer Leitung, entstand schließlich im Januar 1994 der jetzige Trägerverein. Von Beginn an ist der in Isny aufgewachsene Hans-Christian Hauser der künstlerische Leiter der Isny-Oper. In Stuttgart geboren, wurde er an der Hochschule für Musik und Theater in München ausgebildet. Seinen Job macht er so gut, dass Kultusminister Klaus von Trotha zum zehnjährigen Bestehen der Oper den Landesförderbetrag erhöhte und die Zusammenarbeit zwischen Land, Stadt und Festival sicherte.

Beim Opernfestival erhalten besonders begabte Studenten von Musikhochschulen aus aller Welt die Möglichkeit, ihr Talent unter Beweis zu stellen. Auf der Freilichtbühne am Stadtgrabenweiher erwartet die Besucher deshalb jedes Jahr eine farbenfrohe Inszenierung mit noch unbekannten, aber ausdrucksstarken Stimmen. Nicht nur die Auswahl der Stücke, sondern auch die Zusammenstellung der Ensembles verspricht immer wieder aufs Neue spannende Aufführungen. Seitdem die Bühne unter den Trauerweiden zusätzlich um ein paar Meter in den See hinein verbreitert wurde, jedoch ohne die Atmosphäre dieses wunderbaren Ortes zu stören, ist man den Sängern noch näher.

Die Isny-Oper gastiert auch im Cuvilliés-Theater der Münchener Residenz oder im Wilhelma-Theater Stuttgart. Dies ermöglicht den jungen Künstlern und Musikern im Rahmen ihres Studiums noch weitere wichtige Erfahrungen zu sammeln.

▶ **Theaterfestival Isny. Genau das Richtige für Freunde der Bühne!** Theater, Konzerte, Workshops. www.theaterfestival-isny.de

Isny-Oper, Freundeskreis der Isny-Oper · Unterer Grabenweg 18 · 88316 Isny · Tel. 0 75 62/9 75 63 50 · www.isny-oper.de · Haltestelle: Bahnhof Wangen i. Allgäu, Bus bis Kurhaus Isny, Fußweg ca. 5 Min.

Blick in den Innenhof der Waldburg

Die Waldburg

Wenn das Wetter mitspielt, ist die Fernsicht beeindruckend. Auf dem 772 Meter hohen Drumlin-Hügel reicht dann der Blick bis zum Ulmer Münster im Norden, bis zum Hohentwiel bei Singen im Westen, bis ins Alpenvorland im Osten und im Süden sogar bis weit in die Schweizer Alpen hinein.

Die Burg stammt aus dem 11. Jahrhundert, als die Familie von Waldburg ein Amtslehen von den Welfen erhielt. Aber der Bau der Waldburg wurde durch ihre Lage auf dem steilen Drumlin zu keiner leichten Aufgabe. Erheblich erschwert wurde deshalb auch der Ausbau, mit dem in der ersten Hälfte des 13. Jahrhunderts begonnen wurde und der über sieben Jahrhunderte dauern sollte. Unter anderem wurde dabei der große Saal bis ins Obergeschoss erweitert. Im 19. Jahrhundert wurde sie wegen ihrer Lage zu einem wichtigen Landesvermessungspunkt, und seit der Wiedereröffnung im Jahr 1996 hat man wieder einen freien Blick auf die Burg. Nach Baumfällungen ist sie seitdem besonders bei Nacht mit der Beleuchtung schon von Weitem gut zu sehen und ein wichtiger Orientierungspunkt.

▶ **Das Museum für Indianistik in Waldburg:** Indianerromantik, Kachinapuppen und Kulturgeschichte der Indianer Nordamerikas. www.museum-indianistik.de

Heute beherbergt die Burg unter anderem ein Museum, in dem man mehr über ihre Geschichte und die der Familie Waldburg erfährt. Während der Sommermonate sind die Burg und die Burgkapelle für Besichtigungen geöffnet. An den Wochenenden finden regelmäßig Führungen und Ritterspiele sowie Theateraufführungen statt. Außerdem werden im Gewölbekeller der Waldburg Ritteressen angeboten. Dann gibt es natürlich ein original mittelalterliches Mahl mit allem, was dazu gehört: ein Fanfarenzug zum Empfang, Met im Rittersaal und mittelalterliche Musik zum Essen. Zusätzlich treten auf Wunsch auch Barden, Gaukler oder Schwertkämpfer auf. Nach rechtzeitiger Reservierung wird ein Besuch auf der Waldburg so zu einem ganz besonderen Erlebnis.

Waldburg · Ende März–Anfang Nov. tgl. 10–17 Uhr, Mo Ruhetag · Schloss 1 · 88289 Waldburg · Tel. 0 75 29/91 11 20 · www.gemeinde-waldburg.de · Haltestelle: Bahnhof Ravensburg, Bus bis Waldburg, Fußweg ca. 10 Min.

Bar und Tanzfläche im Untergeschoss des Nachtcafés

Cooler Sound im »Rasta«

Wer auf den Sound der Siebziger steht, ist hier richtig, in der Tanzbar »Rasta« in Leutkirch, das eigentlich Nachtcafé Alcazar heißt. Das besondere Lokal hat noch einiges mehr zu bieten, nämlich ein Restaurant mit leckerem Essen, Live-Auftritte und unterschiedliche Themenpartys.

Wenn die Einheimischen sagen, lass uns ins »Rasta« gehen, meinen sie eigentlich ins »Alcazar«. Denn so heißt die Tanzbar im Untergeschoss des Nachtcafés. Die Musik wird noch von Hand gemacht und ist für die Betreiber die höchste Form künstlerischer Darbietung. Deshalb wird hier auch noch »richtige« Musik gespielt, die bei den Themenpartys von Mozart bis System Of a Down, von Elvis bis Sinead O'Connor und von Led Zeppelin bis Bob Marley reicht. Deutsche Titel fehlen dabei ebenso wenig wie Worldmusic, Funk, House, R'n'B und Indie-Pop. Das volle Programm eben! Dass die Jugendlichen aber auch nicht zu kurz kommen, dafür wird gesorgt. Freitags ist der Eintritt ins »Rasta« nämlich schon ab 16 Jahren erlaubt, am Samstag hingegen erst ab 18. Dann wird unter dem Motto: »ALCAZAR SAMSTAGNACHT« auch ein ständig wechselndes und hochkarätiges Programm mit Kleinkunst, Live-Auftritten und Disco-Partys geboten.

Das »Rasta«, beziehungsweise die Räumlichkeiten der Tanzbar können auch für eigene Veranstaltungen gemietet werden. Wobei »mieten« eher der falsche Ausdruck ist. Denn es kostet nichts, ganz im Gegenteil, sogar der gesamte Eintritt geht an den Veranstalter. Einzige Voraussetzung ist, dass diese »Fremdveranstaltungen« kräftig beworben werden und mindestens 50 Gäste kommen, die gute Laune mitbringen und entsprechend Umsatz machen. Das Personal wird ebenfalls gestellt. Für den passenden DJ, eventuelle Lichteffekte oder Aktionen wie Happy Hour, spezielle Drinks oder Bands muss jeder Veranstalter aber logischerweise selbst sorgen. Denn bei so viel Entgegenkommen ist auch Eigeninitiative des jeweiligen Veranstalters gefragt.

Rasta Tanzbar im Nachtcafé Alcazar GmbH · Fr, Sa ab 21 Uhr, So ab 11 Uhr · Campingweg 5 · 88299 Leutkirch i. Allgäu · Tel. 0 75 63/91 58 43 · www.cafe-alcazar.de · Haltestelle: Bahnhof Leutkirch, Bus bis Tautenhofen, Fußweg ca. 60 Min., besser mit dem Auto

Nicht nur eine Schrift

Das rund drei Hektar große Anwesen hat eine über 600-jährige Geschichte, die noch heute zu spüren ist. Auch wenn nur noch ein Teil der inzwischen privat genutzten Rotismühle zugänglich ist, lohnt sich der Besuch des Ortes, wo bedeutende Entwürfe entstanden sind, die jedem bekannt sein dürften.

Nicht nur in Fachkreisen weltweit bekannt ist die Rotismühle als Design- und Entwicklungsort der gleichnamigen Schrift »Rotis« aus dem Jahr 1986. Ihr Entwickler Otl Aicher zog 1972 mit seiner Frau Inge Aicher-Scholl samt Familie in die Rotismühle. Die Neugestaltung von vier Häusern auf dem Mühlen-Anwesen basiert ebenfalls auf Entwürfen von Otl Aicher, der bis zu seinem Tod im Jahr 1991 in Rotis lebte. Im traditionell geprägten Allgäu fielen diese, auch als »Rotiser Pfahlbauten« bezeichneten Bauten, durch ihre sehr moderne und provokante Form völlig aus dem Rahmen. Die Begeisterung der Einheimischen hielt sich in Grenzen. Doch nach Umbaumaßnahmen entstanden hier in den Siebzigerjahren zahlreiche Entwürfe und Logos, die fast jeder kennt. Die Liste ist lang, aber einige der bekannten Beispiele dürften der »Kranich« der Lufthansa sowie die »Piktogramme« der Olympischen Spiele in München 1972 oder das Logo des ZDF sein. Mit bis zu zwölf Mitarbeitern erarbeitete das Team unter anderem auch die Logos vieler bekannter Firmen wie zum Beispiel für bulthaup.

Das von Inge Aicher-Scholl, der Schwester von Hans und Sophie Scholl, aufgebaute »Geschwister-Scholl-Archiv« wurde inzwischen durch den Sohn Manuel Aicher dem Institut für Zeitgeschichte in München übergeben. Der Großteil der grafisch-gestalterischen Hinterlassenschaft von Otl Aicher ist heute im Archiv der Hochschule für Gestaltung in Ulm zu finden. Neben anderen wohnt der zweite Sohn Julian Aicher heute wieder in der Rotismühle und setzt sich für eine umweltfreundliche Energieerzeugung ein. Mit einem Wasserkraftwerk auf dem Areal der Rotismühle geht er eigene Wege und führt Besucher auch gerne durch die zugänglichen Bereiche!

Rotismühle Julian Aicher · Rotis 5–2 · 88299 Leutkirch · Tel. 0 75 61/7 05 77 · www.rotismuehle-aktuell.de · Haltestelle: Bahnhof Leutkirch, Bus bis Rotis, Fußweg ca. 10 Min. · Führung nach vorheriger tel. Anmeldung

Gebäude der ehemaligen Designschmiede von Otl Aicher
Teil des Wasserkraftwerk-Projekts von Julian Aicher

Die Kunst der Glasbläserei

Es muss nicht gleich Venedig sein. Das alte Allgäuer Glasmacherdorf Schmidsfelden erstrahlt seit 1997 auch wieder in neuem Glanz und die mundgeblasenen Produkte nicht weniger! Auch das besondere Flair dieses Dörfleins und die Veranstaltungen machen den Besuch zum Erlebnis.

Der Glasbläser Stefan Michaelis hat sich mit der Manufaktur in Glas in Schmidsfelden einen Traum erfüllt. Seit 2003 lässt er die alte Kunst des Glasmachens an diesem historischen Ort wieder aufleben. Nach dem Abitur, der Ausbildung und zwei Jahren Tätigkeit als Glasapparatebauer ging's 1991 zum Designstudium nach England. Als er das Studium erfolgreich abgeschlossen hatte, eröffnete er ein eigenes Atelier in London. Von 1996 bis 2002 lebte er in Edinburgh und kam 2003 nach Schmidsfelden, wo er die Manufaktur in Glas eröffnete. Hier fertigt er Unikate, Originale und Kleinserien an. Das frei geformte Glas ist die Spezialität von Stefan Michaelis, die es nur in Schmidsfelden gibt.

▶ **Nach einem Spaziergang durch das Dorf kann man den Tag im Café Remise gegenüber dem einstigen Herrenhaus ausklingen lassen. Angeboten werden unterschiedliche Tagesmenüs, leckerer Kuchen und die Getränke – natürlich in historischen Gläsern. www.remise-schmidsfelden.de**

Im Dorf wurde im originalgetreu nachgebauten Anbau der Glashütte ein Glasmuseum eingerichtet, das die Geschichte der Glasmacherei veranschaulicht, und 1999 wurde mit der Renovierung des mächtigen Glasmagazins begonnen. Seitdem werden dort jede Menge alter Gläser, Fotos und Stücke zur Umweltgeschichte der Adelegg gezeigt. Durch die Arbeit von Stefan Michaelis als Glasbläser, das Dorf und das Museum gerät die Glasgeschichte des Allgäus nicht in Vergessenheit. Das alte Glasmacherdorf ist wieder neu entstanden und mit den Führungen und Vorführungen, dem Glasmacherfest und den regelmäßig stattfindenden Märkten zu einem beliebten Ausflugsziel geworden.

Manufaktur in Glas Stefan Michaelis · Ostern–Mitte Nov. Di–Fr 10–12.30, 14–17 Uhr, Sa 14–17, So 10–17 Uhr · **Glashütte Schmidsfelden** · Schmidsfelden 9 · 88299 Leutkirch · Tel. 0 75 67/18 20 42 · www.schmidsfelden.net · Bhf. Leutkirch, Bus bis Schmidsfelden

Eingang zur Manufaktur in Glas
Garten des Cafés Remise

Manfred Stör in seinem Element

Unter Strom im elektro-technischen Museum

Wer sich auf eine »elektrisierende« Zeitreise begeben möchte, bitte einsteigen! Die unzähligen originalen und noch funktionsfähigen Geräte ab dem Jahr 1900 versetzen die Besucher ins Staunen. Zurück zu den Anfängen des elektrischen Stromes. Mit Sicherheit werden die meisten Besucher eines der Geräte wiedererkennen.

Manfred Störs Leidenschaft für alles, was mit Strom zu tun hat, hat ihn schon sehr früh erfasst. Denn bereits als Lehrling, während seiner Ausbildung zum Elektriker, sammelte er alles, was alt, elektrisch und zu bekommen war. Auf diese Weise kamen mit der Zeit rund 4000 Geräte zusammen. Jahrelang blieben seine »Schätze« aber eingelagert und unbeachtet. Das sollte sich im Jahr 1998 ändern, als das 100-jährige Jubiläum der Einführung der Elektrizität in Leutkirch gefeiert wurde. Dies war der richtige Zeitpunkt, um endlich ein eigenes elektrotechnisches Museum zu eröffnen, und in der Isnyer Straße bot sich schließlich die passende Gelegenheit. Seitdem legt Manfred Stör größten Wert darauf, dass seine hier ausgestellten Geräte nicht nur schön aussehen, sondern auch allesamt betriebsbereit sind. Schließlich möchte er bei seinen Führungen zeigen, wie sie funktionieren und wozu sie damals eingesetzt wurden. Auf über 140 Quadratmetern ist vom ersten Geschirrspüler über Waschmaschinen oder Toaster, Trockenhauben, Radio-, TV- und Tonbandgeräte bis zum Flipperautomaten alles Mögliche ausgestellt, Hauptsache, es ist elektrisch. Eine Führung dauert etwa zwei Stunden und lohnt nicht nur wegen der lustigen Geschichten die Manfred Stör zu seinen Geräten erzählt. Ein toller Ausflug für die ganze Familie und interessant für alle Generationen. Vor allem aber die älteren Familienmitglieder werden beim Anblick der Elektrogeräte ins Schwelgen kommen.

▶ **Das Ladengeschäft Stör & Wagenseil in der Unteren Grabenstraße 2. Dieses »Geschäft« ist wie ein kleines Museum. Das Motto lautet: »Wir haben alles, was Sie brauchen, wenn wir es nicht haben, brauchen Sie es auch nicht.«**

Elektrotechnisches Museum Leutkirch e.V. Manfred Stör · Eichenstraße 1 · 88299 Leutkirch im Allgäu · Tel. 0 75 61/91 20 47 · www.etm-leutkirch.de · Haltestelle: Bahnhof Leutkirch, Fußweg ca. 10 Min. · Führungen ab vier Personen nach tel. Anfrage

Kultur und Musik
in der Malztenne

Nach einem 40 Jahre langen Dornröschenschlaf wurde die ehemalige Tennenmälzerei der Brauerei Härle wieder zum Leben erweckt. Früher für die Keimung der Braugerste genutzt, keimt hier seitdem nur noch eines, die Kreativität! Heute finden in der Malztenne regelmäßig tolle Kultur- und Musikveranstaltungen statt.

Imposant steht es da, das stattliche im Stil der Gründerzeit erbaute Brauerei-Ziegelgebäude, in dem Clemens Härle sein erstes Bier braute. Von 1897 bis 1962 wurde die Malztenne für die Keimung der angefeuchteten Braugerste genutzt. Auf dem mit Solnhofener Kalkplatten belegten Boden musste die darauf ausgebreitete Gerste zweimal täglich von Hand gewendet werden. Als diese schweißtreibende Arbeit endlich vereinfacht werden konnte, verkümmerte die Malztenne zum Allzweckraum. Das sollte sich aber ändern, denn mehr als 100 Jahre nach der Brauerei-Gründung wurde der frühere Arbeitsraum durch Gottfried Härle wieder zum Leben erweckt. Seine besondere Atmosphäre verdankt der Raum den quadratisch angeordneten Stahlsäulen, die eine Deckenkonstruktion tragen. Die Malztenne gilt als ein gut erhaltenes Zeugnis der Industriearchitektur des ausgehenden 19. Jahrhunderts. Unter dem Motto »Bier & Spiele« fanden hier im Jahr 2002 die ersten Kultur- und Musikveranstaltungen statt.

Die Malztenne ist heute eine Bühne für Theateraufführungen, Kleinkunstabende, Lesungen, Jazz-Events oder Kabarett-Auftritte. Mittlerweile sogar auch open-air, und wenn das Wetter nicht mitspielt, auch kein Problem, dann findet die Veranstaltung eben drinnen statt. Daneben werden ein- oder zweimal im Jahr im Rahmen der Leutkircher Sudhausgespräche aktuelle politische oder gesellschaftliche Themen zur Diskussion gestellt oder in Vorträgen näher beleuchtet. Vandana Shiva, die bekannte indische Aktivistin gegen Gentechnik in der Landwirtschaft, war dort ebenso schon zu Gast wie der chinesische Vorsitzende von Greenpeace oder der Bio-Pionier Joseph Wilhelm, Gründer des Naturkost-Herstellers Rapunzel.

Malztenne Leutkirch · Am Hopfengarten 5 · 88299 Leutkirch i. Allgäu · Tel. 0 75 61/9 82 80 · www.haerle.de · Haltestelle: Bahnhof Leutkirch, Fußweg ca. 10 Min.

Die Band »Siyou'n'Hell« vor der Malztenne

Rund ums Reisen – das Erwin Hymer Museum

Diejenigen, die gern reisen, werden ihre Freude haben, aber besonders Campingfans werden es lieben. Das Erwin Hymer Museum spannt in Bad Waldsee den großen Bogen der Reiselust mit zahllosen Exponaten von den simplen Anfängen bis hin in die luxuriöse, hoch technisierte Gegenwart!

Zugegeben, Bad Waldsee liegt ja eigentlich nicht wirklich im Allgäu. Aber nahe dran. Ein Abstecher dorthin ist nur zu empfehlen. Denn schon das aus zwei futuristischen Gebäuden bestehende Museum bietet einen Anblick, der seinesgleichen sucht. Den Formen eines stehenden sowie eines liegenden Caravan-Fensters nachempfunden, kann man durch die Glasfassaden einen Blick auf die Exponate werfen, die hier auf ca. 6000 Quadratmetern ausgestellt sind. Von innen sind bei Fernsicht sogar die Alpen zu sehen.

In einer Dauerausstellung werden mehr als 80 historische Wohnwagen und Reisemobile gezeigt, die zu einer Entdeckungstour durch die Geschichte des mobilen Reisens einladen. Hier erfährt man viel über die Entwicklung, Technik und das Design ihrer Zeit und über die Pioniere des mobilen Reisens. Die teilweise exotischen Exponate laden ein zum Reisen auf den Traumrouten dieser Welt! Interaktiv – zum Anfassen und Mitmachen.

Nützliches und Lustiges aus der Welt des Campings und Caravanings gibt es im Museumsshop im Foyer. Auch Bücher zur Kultur- und Technikgeschichte des Campens sowie individuelle Postkarten, die direkt verschickt werden können, sind hier erhältlich. Im Museum finden zudem in regelmäßigen Abständen auch spannende Veranstaltungen rund ums Reisen statt.

Die Sammlung der Erwin Hymer-Stiftung besteht zwar schon aus ca. 250 Fahrzeugen, Reisemobilen, Wohnwagen, Pkws und Zweirädern, nichtsdestotrotz ist das Hymer-Team aber immer auf der Suche nach weiteren außergewöhnlichen Exponaten. Wer also ein interessantes Fahrzeug in der Garage stehen hat, das er dem Museum überlassen möchte, kann gerne Kontakt aufnehmen!

Erwin Hymer Museum · Tgl. 10–18 Uhr, Do bis 21 Uhr, Einlass bis 1 Stunde vor Schließung · Robert-Bosch-Str. 7 · 88339 Bad Waldsee · Tel. 0 75 24/97 66 76 00 · www.erwin-hymer-museum.de · Haltestelle: Hymer Museum, City-Bus

Das Innenleben des VW Bulli T1 eines Globetrotters

Die Spezialität der Käserei Zurwies

Das »Gepfefferte Ärschle«

Schäme sich, wer etwas anderes vermutet. Pikantes verbirgt sich zwar hinter dem Namen, aber nur in geschmacklicher Hinsicht. Beim »Gepfefferten Ärschle« handelt es sich nämlich um einen sehr aromatischen Käse mit angenehmer Schärfe. Dass er so gut schmeckt, verdankt er einer wohldosierten Menge Madagaskarpfeffer.

Mit Biss und trotzdem cremig, so wird die Zurwieser Spezialität erst nach sorgfaltiger Pflege mit Rotschmiere, wodurch sie auch ihr pfeffriges Aroma erhält. Das »Gepfefferte Ärschle« ist eine der vielen Käsesorten der Bio-Käserei am Rande von Wangen. 100 Meter über Deuchelried werden in dem kleinen Betrieb in Handarbeit und ohne Zusatzstoffe täglich zahlreiche Weichkäsespezialitäten hergestellt.

Bereits 1899 wurde das Käsereilokal erbaut. 1990 haben es die Käsemeister Anton Holzinger und Richard Kurzweil übernommen und zur Produktionstätte für Weichkäse umgebaut. Schon ein Jahr später lieferten sie ihren ökologischen Käse an Fachgeschäfte in der Region und an Bioläden in ganz Deutschland. Bis zu 5000 Liter frischer Biomilch werden täglich zu 22 Käsesorten verarbeitet. Diese Milch stammt von Biobauern aus und um Wangen, die alle nach den Richtlinien von Bioland und Demeter produzieren. Guter Käse kann halt nur aus guter Milch gemacht werden.

Ob er so gut schmeckt, weil Zurwies den Bauern zu den üblichen Milchpreisen noch Qualitäts-, Fütterungs- sowie Biozuschläge bezahlt, ist nicht belegt. Dass die höheren Erlöse und die fairen Milchpreise aber dazu beitragen, dass die Agrarstruktur und die Kulturlandschaft im Allgäuer Raum besser erhalten werden können, schon. In der Zurwies-Schaukäserei kann sich jeder selbst davon überzeugen und den Mitarbeitern beim Käsen über die Schulter schauen. Die großen Fenster der Käserei bieten jeden Morgen die Gelegenheit dazu, und Besucher sind herzlich willkommen! Natürlich gibt es den Käse hier auch direkt zu kaufen, aber auch im Fachhandel, auf Wochenmärkten oder im Internet (www.allesbiokaese.de).

Käserei Zurwies GmbH · Zurwies 11 · 88239 Wangen i. Allgäu · Tel. 0 75 22/55 81 ·
www.zurwies.com · Haltestelle: Bahnhof Wangen, Bus bis Deuchelried,
Fußweg ca. 25 Min., besser mit dem Auto

Der Eingang zum Puppentheater

»MAX« lässt die Puppen tanzen

Der Charme einer Aufführung des Wangener Puppentheaters lässt sich schwer in Worte fassen. Sven »MAX« von Falkowski muss man einfach live erlebt haben! Auch die Großen erinnern sich beim Anblick von Kasperle gern an die eigene Kindheit. Puppentheater für Groß und Klein professionell und schön umgesetzt!

Als Sven von Falkowski Anfang 2000 von Würzburg nach Wangen kam, um ein Puppentheater zu eröffnen, traute ihm wohl kaum jemand zu, dass er damit tatsächlich Erfolg haben würde. Inzwischen hat er ihn, »MAX« und sein Theater sind heute weit über die Stadtgrenzen hinaus bekannt. Denn der Puppenspieler spielt spannende Geschichten nicht nur für Kinder. Ihren Spaß am Kasperle haben auch die Erwachsenen. Alle Stücke dauern etwa 45 Minuten und sind für Kinder ab drei Jahren geeignet.

Mit seinem Theater geht »MAX« aber auch auf Reisen. Von Januar bis Dezember ist er jedes Jahr mit der Reisebühne und den erfolgreichsten Inszenierungen unterwegs. Über die Handlung seiner Stücke verrät er grundsätzlich nichts. Zum einen, um die Spannung auf das, was kommen wird, nicht zu verderben, zum anderen, um sich die Spontaneität zu bewahren, die seine Auftritte auszeichnet. Gespielt wird dann in Schulen und Kindergärten, bei Vereins- oder Stadtfesten, in öffentlichen Sälen oder bei privaten Feiern, eben überall da, wo der Kasper und seine Freunde gern gesehene Gäste sind.

Natürlich ist so ein Spielbetrieb nicht allein zu stemmen, aber mit der Hilfe vieler Hände schon. Auch wenn sie die Besucher nicht zu Gesicht bekommen, ohne die vielen Helfer und die Förderung der Stadt Wangen gäbe es das Puppentheater nicht.

Wer einen unvergesslichen Kinder-Geburtstag verschenken möchte, ist hier ebenfalls richtig. Denn das Team »MAX« organisiert alles für eine turbulente Geburtstagsfeier im Theater inklusive Kaspergeschichte, Blick hinter die Kulissen und natürlich ein Geschenk vom Kasper persönlich. Aber unbedingt rechtzeitig reservieren!

Wangener Puppentheater »MAX« · Lange Gasse 43 · 88239 Wangen i. Allgäu · Tel. 0 75 22/91 43 53 · www.wangener-puppentheater.de · Haltestelle: Bahnhof Wangen, Fußweg ca. 10 Min.

Gutenberg lässt grüßen!

Direkt am Marktplatz sind sie zu finden, die Wangener Museen. Wie an einer Perlenschur aufgereiht in der ehemaligen »Esels-mühle«. Etwas unscheinbar, gleich nebenan liegt die Museumsdruckerei. Spannend, wie die ersten Druckmaschinen und beweglichen Lettern entstanden.

Die Möglichkeit, alte Druckerschwärze zu riechen, hat man heute nicht mehr oft. Dem einen oder anderen bereitet der Geruch sogar Gänsehaut, denn er erinnert an alte Bücher, in denen man noch in der einen oder anderen Bibliothek schmökern kann. Schwarze Finger? Die bekommt man dabei heute nicht mehr, denn der Buchdruck hat sich verändert. Druckte man früher noch mit beweglichen Lettern, kommen heute andere Druckverfahren ins Spiel. In der Museumsdruckerei ist aber noch alles beim Alten. Hier kann man auch eine originalgetreu eingerichtete Buchdruckerei besichtigen. Sogar der hölzerne Nachbau einer originalen Gutenberg-Druckmaschine aus dem Jahr 1825 wird gezeigt. Diese gilt zu Recht als Highlight des Museums. Eine Spindelpresse setzte Gutenberg schon um 1442 für den Buchdruck ein. Damals, als der Druck noch in den Kinderschuhen steckte, wurden umgebaute Weinpressen dafür verwendet. Trotz der technischen Weiterentwicklung sind die Handpressen aber nicht ganz verschwunden, sondern kommen nach wie vor bei Kleinstauflagen zum Einsatz.

▶ **Die bauhistorische »Badstube« mit Waschzubern und Kupferkessel in der Kreuzgewölbehalle unter der städtischen Galerie**

Weitere wertvolle und sehenswerte Stücke sind die erste eiserne Boston-Kleindruck-Tiegelpresse von 1860 oder der Phönix-Buchdruck-Tiegel nach Gally-System aus dem Jahr 1900 sowie zahlreiche Setzkästen und Originalmatern. Die Dauerleihgaben der Druckerei J. Walchner KG werden nach vorheriger Anmeldung vom ehemaligen Betriebsleiter der Druckerei, Max Zeller, gerne fachmännisch erläutert. Jeden Dienstag, beim sogenannten Aktionstag, kommen die alten Maschinen zum Einsatz.

Museumsdruckerei · April–Okt. Di 14–17 Uhr und auf Anfrage · Lange Gasse 3 · 88239 Wangen i. Allgäu · Tel. 0 83 23/80 25 93 · www.allgaeu.de/museumsdruckerei-1 · Haltestelle: Bahnhof Wangen, Fußweg ca. 10 Min.

Blick durchs Fenster in die historische Druckerei

Einer der Drehorte des Allgäuer Kultstreifens *Drhoim sterbet d'Leit*

Im Kreuz »do sterbet koine Leit«

Daheim sterben die Leut ist vielleicht der wichtigste Film, der aus dem Allgäu kommt. Die Regisseure Klaus Gietinger und Leo Hiemer drehten 1984 zum größten Teil im Westallgäu. Die Kneipe, in der sich im Film die Jugend trifft, gibt es heute noch. Verändert hat sich so gut wie nichts.

Der Film basiert auf wahren Ereignissen und wirbelte damals entsprechend viel Staub auf. Im Wesentlichen handelt er vom Kampf des Allgäuer Landwirts Hans Allgeier gegen die Zentralisierung der Wasserversorgung. Es entwickelt sich ein grotesker Streit zwischen dem Landwirt und der Stadt. Hans Allgeier besitzt nämlich eine eigene Wasserquelle und lehnt es deshalb ab, kostenpflichtig an die Fernwasserleitung aus den Bergen angeschlossen zu werden. Dazu kommt noch, dass er künftig Wasserzins bezahlen soll. Nachdem er drei Vermesser mit der Mistgabel von seinem Grundstück vertrieben hat, lässt der Landrat kurzerhand Allgeiers Quelle zuschütten. Daraufhin nimmt die Geschichte ihren Lauf. Neu geborene Kälber sterben im Stall, der Landrat wird von einem üblen Harndrang befallen, Allgeiers Sohn wird nach dem Geschlechtsverkehr vom leibhaftigen Teufel besucht… aber schauen Sie sich den Film doch selbst an! Er thematisiert darüber hinaus auch den Konflikt zwischen Tradition und Fortschritt sowie die Bauernschläue und die Behörden-Dummheit.

Ob das Sprichwort, das Menschen dazu auffordert, mehr auszugehen, vom Film inspiriert wurde, ist nicht bekannt. Opa Allgeier begründet seinen Wirtshausbesuch jedenfalls mit dem Argument: »Drhoim sterbet d'Leit und beim Boschdwirt deannet, do isch scho achtzg Johr koiner me gschtorba!« (»Daheim sterben die Leute und beim Postwirt, da ist schon achtzig Jahre keiner mehr gestorben!«)

Im Fernsehen wurde der Film aufgrund des Dialekts mit Untertiteln ausgestrahlt. Die Kneipe, in der sich die Jugend im Film trifft, ist das Gasthaus Kreuz, das nach Drehende vom Darsteller des Wirts übernommen wurde.

Gasthaus Kreuz · Di Ruhetag · Riedhirsch 43 · 88178 Heimenkirch · Tel. 0 83 81/92 84 94 · www.heimenkirch.de · Haltestelle: Bahnhof Heimenkirch, Fußweg ca. 25 Min.

Mit die schönsten Wasserfälle Bayerns

Zwischen Bodensee und Alpen außerhalb von Scheidegg liegen die Wasserfälle, die es sogar in die Liste »Bayerns schönster Geotope« geschafft haben. Vielleicht auch deshalb, weil sie im Winter begehbar und dann besonders wegen der vielen Eiszapfen schön anzuschauen sind. Die vielen Stufen haben es aber in sich!

Rund um Scheidegg sind über einen langen Zeitraum mehrere große und kleine Wasserfälle entstanden, die für ihre Stufenbildung im Nagelfluh- und Sandstein bekannt sind und die man allesamt besuchen kann. Gut erkunden kann man aber auch die Rohrachschlucht, das größte Naturschutzgebiet des Landkreises Lindau, von der aus man auf eine wildromantische Flusslandschaft und die bekannten »Scheidegger Wasserfälle« blickt. Über zwei gewaltige Gesteinsstufen rauscht hier das Wasser des Rickenbachs 22 Meter in die Tiefe, und von mehreren Aussichtsplätzen kann man beide nachfolgenden 18 Meter hohen Fälle bestaunen. Beim Abstieg zu den Wasserfällen eröffnet dann die Rohrachschlucht einen 200 Meter weiten Ausblick. Die Stufen hinunter sind aber nicht zu unterschätzen! Gute Schuhe und ein bisschen Kondition schaden sicher nicht.

Ein Rundweg führt zudem durch den Rickenbacher Tobel, vorbei an einer 48 Meter tiefen Waldschlucht, steil aufragenden Felswänden und mächtigen Tannen. Freunde der Botanik werden sich über die seltenen Pflanzen und Blumen freuen. Aber auch für die kleinen Besucher gibt es in der Erlebniswelt der Scheidegger Wasserfälle und dem Streichelzoo mit Kaninchen, Ziegen und Co. einiges zu entdecken. Hier können sie Staudämme bauen, nach Herzenslust planschen oder dem Wasserrad zuschauen. Sämtliche Geräte auf dem Spielplatz werden von einem hydraulischen Widder mit Wasser versorgt. Für das leibliche Wohl sorgt ein Kiosk samt freundlicher Bedienung.

Wanderer erreichen die Wasserfälle über die Bräuhausstraße und den markierten Wanderweg bis zum Parkplatz Rickenbach.

Scheidegger Wasserfälle · bei gutem Wetter tgl. 9–19 Uhr · 88175 Scheidegg · Tel. 0 83 81/8 95 55 · www.scheideggerwasserfaelle.de · Haltestelle: Bus bis Touristeninformation Scheidegg, Fußweg ca. 15 Min., mit dem Auto auf der B 308 Richtung Lindau, nach der Gretenmühle rechts

Die Stufen der Scheidegger Wasserfälle

25

Buddhas im Allgäu

Kaum zu glauben, dass das ein Geschäft in Lindau ist und nicht ein asiatischer Tempel. Denn zwischen all den Buddha-Figuren, Klangschalen und Räucherstäbchen hat man schnell das Gefühl, man sei in Asien. Eines ist aber sicher, eine solche Vielfalt findet man nicht alle Tage und nicht überall.

Schon in vorchristlicher Zeit wurde auf der Seidenstraße kultureller Austausch betrieben. Aber nicht nur aus Asien wurden Waren und Wissen nach Europa transportiert. Die Feldzüge von Alexander dem Großen brachten die griechische Kunst vor allem in die Region des heutigen Afghanistans. Angelehnt an den Stil griechischer Statuen entwickelte sich dort und in Indien der buddhistische Gandhara-Stil. Schon im 5. Jahrhundert n.Chr. entstanden Buddha-Statuen mit lockigem Haar und nachdenklichen Gesichtszügen, die für die buddhistische Kunst ganz Asiens maßgeblich waren. Die bekannten Figuren stammen aus dem alten Siam, dem Reich der Khmer, aus Japan, China und Tibet. In Nepal hat sich damals sogar ein ganz eigener Stil entwickelt. Aus all diesen Regionen sind zahlreiche Figuren in der Galerie in Lindau gleich neben dem alten Rathaus zu sehen. Eigentlich rechnet man ja nicht damit, ausgerechnet im Allgäu auf eine asiatische Fundgrube wie den Buddhapalace zu stoßen. Aber das Geschäft gilt bei den Liebhabern der Buddha-Figuren sogar als eines der bestsortierten Deutschlands. Grüne und weiße Tara, Haushüterlöwen, Garuda, der Vogelmensch Kinnari, sogar der weibliche Buddha des Mitgefühls Kwan Yin (oder Kuan Yin) und noch vieles andere befindet sich in dem Laden, der eher an ein Museum erinnert.

Bei den meisten der im Galerieraum gezeigten Figuren handelt es sich um Einzelstücke, deren Verfügbarkeit begrenzt ist. Aber aufgrund der vielen Figuren im Geschäft fällt die Wahl sicher nicht allzu schwer, denn vom erschwinglichen Glücksbuddha bis hin zum alten Buddha ist hier praktisch alles zu haben.

Galerie Buddhapalace · Mo–Fr 11.30–17.30 Uhr, Sa 10.30–13 Uhr · Ludwigstraße 26/Ecke Reichsplatz · 88131 Lindau · Tel. 0 83 82/2 77 60 82 · www.buddhapalace.de · Haltestelle: Bahnhof Lindau, Fußweg ca. 15 Min.

Hier gibt es unzählige Buddhas aus der ganzen Welt.

26

Gut behütet

Es ist das einzige Hutmuseum in Bayern! Wer hätte gedacht, dass Lindenberg einst das »Klein-Paris der Hutmode« war. Hüte so weit das Auge reicht, dazu spezielle Nähmaschinen, Werkzeuge und Material. Die neue Kulturfabrik in der Stadtmitte ist wirklich eine Erlebniswelt. Eine interaktive sogar!

Mit dem Umzug in die ehemalige Hutfabrik Reich hat sich das Museum vergrößert. Zwei der vier Stockwerke der neuen Kulturfabrik sind jetzt für Dauerausstellungen des neuen Deutschen Hutmuseums vorgesehen, eine weitere Etage des Fabrikgebäudes für Wechselausstellungen.

Hutstadt Lindenberg, Hutmode und Hutherstellung, das sind die drei Hauptthemen, die seit der Neueröffnung auf fast 1000 Quadratmetern Fläche gezeigt werden. Natürlich immer mit den passenden Hüten aus der riesigen Sammlung. Es gibt vieles zu entdecken, denn in 300 Jahren ist viel passiert in der Welt der Hüte. Sogar ein eigenes »Fabrik-Kino« gibt es, das Filme über das Hutmacherhandwerk zeigt, und im »Huttornado« entdeckt man bekannte Hutträger. An Mitmachstationen kann ausprobiert werden, und unter dem Dach steht ein großer Veranstaltungsraum zur Verfügung.

Lindenberg hat Tradition, genauer gesagt Huttradition. Denn schon im 17. Jahrhundert hat man hier Strohhüte hergestellt und vertrieben. Das »Klein-Paris der Hutmode« wurde die Stadt im 19. Jahrhundert sogar genannt, und jährlich wurden etwa acht Millionen Strohhüte von hier aus in die Welt verschickt. Das Museum führt durch diese 300 interessanten Jahre der Mode- und Kulturgeschichte. Hutgeschichte zum Anfassen und Aufsetzen. Sie kann man im Deutschen Hutmuseum Lindenberg im wahrsten Sinne des Wortes »begreifen«.

Die Huttradition in Lindenberg spiegelt sich aber nicht nur im Museum oder auf dem Hutmacherplatz wider. Seit 2010 wird auch alle zwei Jahre die Deutsche Hutkönigin gewählt. Am sogenannten Huttag wird dann wieder Hut getragen – und das von jedermann.

Deutsches Hutmuseum Lindenberg · Di–So 9.30–17 Uhr · Sonnenstraße 9 · 88161 Lindenberg i. Allgäu · Tel. 0 83 81/8 03 28 · www.lindenberg.de · Haltestelle: Busbahnhof Lindenberg, Fußweg ca. 8 Min.

Die neue Heimat des Hutmuseums: die ehemalige Hutfabrik Reich

Das älteste Haus Lindenbergs

Das sogenannte »Söldnerhaus« in Lindenberg ist gleichzeitig auch das älteste Haus im Landkreis Lindau. Errichtet wurde es 1590 – und es ist eines der wenigen verbliebenen Gebäude der Vergangenheit.

Auch wenn es momentan nur von außen betrachtet werden kann, zeigt der spezielle Holzbau, der noch aus der Zeit vor dem Dreißigjährigen Krieg stammt, wie die ärmere Bevölkerung vor 200 oder 300 Jahren in Lindenberg gewohnt hat. Drei Außenseiten des Hauses sind noch mit originalen Holzschindeln verkleidet, und nur an der Ostseite sind Bretter zum Einsatz gekommen.

Von der Stadt Lindenberg erworben, soll es bald für jedermann geöffnet und durch Ausstellungen und Führungen zum lebendigen Denkmal werden.

Das älteste Haus Lindenbergs · Hansenweiherstraße 6 · 88161 Lindenberg
i. Allgäu · Tel. 0 83 81/8 03 28 · www.lindenberg.de ·
Haltestelle: Bus bis Lindenberg Kirche, Fußweg ca. 5 Min.

Das »Söldnerhaus«, das älteste Haus in Lindenberg

Alles Käse
in Lindenberg

Alles Käse? Ja, denn jedes Jahr Ende August ist es wieder so weit: Mitten in Lindenberg treffen Käsefreunde auf feinsten heimischen und internationalen Käse. Traditionell kommen jedes Jahr am letzten August-Wochenende Käsehersteller aus verschiedenen Ländern wie Deutschland, Österreich, der Schweiz, Frankreich, Italien, den Niederlanden, aber auch aus Irland, Ungarn und Marokko zusammen. Inzwischen zählt das »Käse- und Gourmetfest« zu den größten Festen dieser Art in ganz Deutschland. Auf 500 Metern bieten dann rund 80 Teilnehmer ihre Köstlichkeiten an, und mit seinem abwechslungsreichen Veranstaltungsprogramm zieht das Fest jährlich unzählige Besucher in die Sonnenstadt Lindenberg. Wenn das keinen Besuch wert ist.

Internationales Käse- und Gourmetfest · Käsemeile Stadtmitte · 88161 Lindenberg
i. Allgäu ·Tel. 0 83 81/8 03 28 · www.westallgaeuer-kaesestrasse.de ·
Haltestelle: Busbahnhof Lindenberg, Fußweg 10 Min.

Ein Highlight für Käsefans ist das Käse- und Gourmetfest in Lindenberg.

29

Abschalten im Hotel Waldsee

Das Dreiländereck Deutschland, Österreich, Schweiz bietet jede Menge Abwechslung. Historische Schlösser, Burgen und wunderschöne Wanderwege sind schnell erreicht. Im Hotel Waldsee kann man sich aber auch einfach nur entspannen. Am glitzernden Wasser gibt es außerdem viele Möglichkeiten, sich sportlich zu betätigen. Sogar ein Tennisclub liegt nur 300 Meter entfernt. Iris und Bodo Hartmann erfüllen im Hotel gern jeden großen und kleinen Wunsch. Die Sauna und das Sanarium, inklusive Ruhebereich, wurden renoviert und warten auf den Besuch der Hotelgäste. So lässt man entspannt den Alltag hinter sich!

Hotel Waldsee · Austraße 41 · 88161 Lindenberg i. Allgäu · Tel. 0 83 81/9 26 10 · www.hotel-waldsee.de · Haltestelle: Bus bis Abzw. Schulzentrum Lindenberg, Fußweg ca. 15 Min.

30

Orgelpfeifen in Lindenberg

Schon von Weitem fällt die Fassadenmalerei auf, aber erst im Inneren besticht die Kirche mit der außergewöhnlichen Form und Größe ihrer Orgel. Wer sie gesehen hat, wird verstehen, warum die Stadtpfarrkirche St. Peter und Paul auch als Dom des Westallgäus bezeichnet wird. Dass der neubarocke Kirchenbau von 1914 diesen Namen verdient hat, wird spätestens klar, wenn man unter der mächtigen Kuppel steht, während die gewaltige Orgel aber die Blicke auf sich zieht. Schlicht in Weiß und ohne zierende Elemente gehalten, imponiert sie durch schiere Größe. Die fast schon futuristisch wirkende Orgel mit 54 Registern wurde im Jahr 1934 von dem aus Altstädten im Allgäu stammenden Josef Zeilhuber neu erbaut.

Stadtpfarrkirche Lindenberg, Pfarrei St. Peter und Paul · Goethestraße 4 · 88161 Lindenberg i. Allgäu · Tel. 0 83 81/92 70 40 · www.pfarreilindenberg.de · Haltestelle: Busbahnhof Lindenberg, Fußweg ca. 5 Min.

Idyllisch am See gelegen: das Hotel Waldsee
Die Orgel mit der außergewöhnlichen Form in der Stadtpfarrkirche von Lindenberg

Der »Gogglwirt« vom Stiefel

Leckeren Leberkäs gibt's überall! Wer schon genug davon probiert hat, ist vielleicht an einer »kulinarischen« Abwechslung interessiert. Im Allgäu gibt's nämlich außer Kühen tatsächlich auch Hühner. Natürlich blieb das auch dem TV-Kult-Kommissar Kluftinger nicht verborgen, seit Langem ist er ein Fan des »Gogglwirts«!

In Bettrichs, einer kleinen Ortschaft zwischen Legau und Altusried, gibt's seiner Meinung nach nämlich die besten Hähnchen weit und breit. Aber nicht nur er empfiehlt den »Gogglwirt« vom Gasthaus Stiefel, denn die Hähnchen schmecken wirklich mehr als gut. Das hat sich natürlich schon herumgesprochen. Und alle Schwaben wird's freuen, man bekommt sie hier noch für kleines Geld. Aber auch andere deftige und unglaublich günstige Speisen stehen auf der Karte, vom einfachen Wurstsalat über Schaschlick bis zur Currywurst. »En Guata!«

▶ **Kluftinger-Touren:** Informationen beim Verkehrsverein Altusried, Tel. 08373/7051, oder der Kempten Tourist-Information, Tel. 0831/2525522. Außerdem gibt's Bustouren inklusive Käsespatznessen. www.unterallgaeuer-gaestebegleiter.de

Es gibt aber auch ganz spezielle Getränke, und wer mutig ist, kann ja einmal eine »Schneemaß« probieren! Doch schon beim Studium der Zutaten wird klar, mit welcher Wirkung nach dem Genuss zu rechnen ist: sechs Kugeln Vanilleeis werden mit 10–15 Schnapsgläschen Doornkaat in einen Maßkrug gegeben, dann wird mit Orangen- oder Zitronenlimo aufgegossen und alles mit dem Schneebesen verrührt. Die Schneemaß muss gleich getrunken werden, sonst setzen sich die Zutaten wieder ab. Selbst nach einer Schneehalben sollte man sich nicht mehr ans Steuer setzen. Wer jetzt neugierig geworden ist, sollte einen Tisch reservieren, denn abends ist immer viel los. In den warmen Jahreszeiten kann man auch im Garten sitzen.

Auf der Strecke nach Altusried geht's kurz nach Legau links ab und schon steht man mitten in der kleinen Ortschaft Bettrichs, direkt vor dem Hähnchenparadies.

Gasthaus Stiefel · Mo, Do, Fr ab 17 Uhr, Sa, So durchgehend · Bettrichs 154 · 87764 Legau · Tel. 08330/378 · www.gasthaus-stiefel.de · Haltestelle: Busbahnhof Leutkirch, Bus bis Legau, besser mit dem Auto

Hier gibt's die besten Hähnchen der Region!

32

Alles bio bei Rapunzel

Rapunzel bleibt seit über 40 Jahren seiner Linie treu. Nämlich kontrolliert biologische und naturbelassene vegetarische Lebensmittel herzustellen. Obwohl sie ganz klein angefangen hat, zählt die Naturkost-Firma inzwischen zu Europas führenden Bio-Herstellern mit hauseigenem Bioladen.

Im bayerischen Augsburg gründeten Joseph Wilhelm und Jennifer Vermeulen 1974 eine Selbstversorger-Gemeinschaft mit kleinem Naturkostladen. Daraus hat sich ein international agierendes Unternehmen mit 300 Mitarbeitern und ca. 140 Millionen Euro Jahresumsatz entwickelt. Bestand das Sortiment damals noch aus Nussmusen, Trockenfrüchten und Müsli, umfasst es mittlerweile über 450 Produkte, darunter Teigwaren, Speiseöle, Schokoladen und Kaffee. Die Hälfte dieser Produkte wird in Legau im Allgäu hergestellt oder verarbeitet. Als einer der Pioniere im Biosektor setzt sich Rapunzel von Anfang an für die internationale Förderung der ökologischen Landwirtschaft auf der ganzen Welt ein. Faire Bezahlung und soziale Gerechtigkeit wurden stets großgeschrieben, und die Ideale und Ziele von Rapunzel sind die gleichen geblieben. Die Unternehmensphilosophie von Rapunzel lautet damals wie heute: »Wir machen Bio aus Liebe«.

Die Geschichte von der Gründung bis heute wird im hauseigenen Museum gezeigt. Themen, die Rapunzel am Herzen liegen, wie z. B. der faire Handel, werden in Vorträgen, Ausstellungen, Koch-Events und Konzerten auf dem Firmengelände in Legau präsentiert, und einmal im Monat zeigt das Rapunzel-Kino einen ausgewählten Dokumentarfilm. Die Küche des Casinos verwöhnt kulinarisch alle, die gerne Bio-Menüs genießen.

Im Rapunzel-Laden in Legau gibt es auf 240 Quadratmetern das gesamte Rapunzel-Sortiment sowie frisches Obst und Gemüse, eine Käsetheke mit regionalen Produkten und täglich frisches Brot von Bäckereien der Region sowie ausgewählte Bio-Weine und eine gut sortierte Kosmetikabteilung.

Rapunzel Naturkost GmbH · Laden Mo–Fr 8–18 Uhr, Sa 8–12.30 Uhr · Rapunzelstraße 1 · 87764 Legau · Tel. 0 83 30/52 90 · www.rapunzel.de · Haltestelle: Busbahnhof Leutkirch, Bus bis Legau, besser mit dem Auto

Das »Erlebniszentrum« Rapunzel Naturkost

Schöne alte Fachwerkhäuser

Von Bauern und Schützen

Können Bauernhöfe spannend sein? Ja klar, denn bei Illerbeuren lassen Häuser aus vier Jahrhunderten die schwäbische Geschichte lebendig werden. Beim Rundgang über das weite Gelände von Kronburg gibt es viel Interessantes über die Landwirtschaft zwischen Allgäu und Ries zu entdecken.

Das bereits im Jahr 1955 eröffnete Freilichtmuseum ist das erste seiner Art im Süden Deutschlands. Es bringt den Besuchern die ländliche Baukultur der letzten 400 Jahre am Beispiel komplett eingerichteter Höfe und Bauernhäuser näher.

Gezeigt werden aber auch Sammlungen verschiedener Gerätschaften, spezielle Ausstellungen und so manches mehr, das zum Verständnis der ländlichen Kulturgeschichte beitragen soll. Man erfährt aber auch etwas darüber, wie es möglich ist, die Häuser »am Stück« zu versetzen. Dieses aufwendige Verfahren, die sogenannte Translozierung, wird anhand des »Hausumzugs« der Sölde Siegertshofen aus dem Jahr 1669 aus dem Augsburger Umland dokumentiert. Gleich nebenan werden die Veränderungen, die die Weiterentwicklung in der Stallhaltung mit sich brachte, am Beispiel eines Schweinestalls aus Lauben im Landkreis Unterallgäu gezeigt.

Das Schwäbische Schützenmuseum, das vorher lange Zeit im Pfarrstadl von Illerbeuren untergebracht war, ist nach seinem Umzug ebenfalls hier zu finden. 2016 soll sogar ein neues Schützenkompetenzzentrum mit Schützenmuseum eröffnet werden. Heute wird im Schützenmuseum unter anderem die Vielfalt des Schützenwesens gezeigt. Zahlreiche Exponate zeigen die Entwicklung von der Armbrust zur Luntenschlossmuskete, Pistolen und Zimmerstutzen sowie moderne Präzisionsgeräte. Außerdem sind Fahnen, Pokale sowie kleine Abzeichen ausgestellt, die vom Brauchtum und dem regen Vereinsleben der Schützen zeugen. Einige der Schützenscheiben stammen aus dem 16. Jahrhundert. Bis heute beauftragt das Museum namhafte Künstler aus Schwaben mit der Gestaltung ihrer Ehrenscheiben.

Schwäbisches Bauernhofmuseum Illerbeuren · März tgl. 10–16 Uhr, April–Mitte Okt. tgl. 9–18 Uhr, Mitte Okt.–Ende Nov. tgl. 10–16 Uhr, Mo geschl. · Museumstraße 8 · 87758 Kronburg-Illerbeuren · Tel. 0 83 94/9 26 01 19 · www.bauernhofmuseum.de · Bhf. Memmingen, Bus bis Illerbeuren

Zurück auf die Schulbank

Erinnern oder Staunen? Wer auf dem Land groß geworden ist, wird vielleicht noch wissen, wie das früher war, als Schüler jeden Alters gemeinsam unterrichtet wurden. Das Dorfschulmuseum in Daxberg lässt diese Zeit wieder lebendig werden, die originale Einrichtung von damals tut ihr Eigenes dazu!

Das im Jahr 1988, passenderweise in einem ehemaligen Schulhaus eröffnete Dorfschulmuseum hat sich nämlich auf die Fahne geschrieben, diese Art des Unterrichts nicht in Vergessenheit geraten zu lassen. Das Museum befindet sich im ehemaligen Schulsaal mit dem erhöhten Lehrerpult, den alten Holzschulbänken sowie der Zählmaschine, dem Harmonium und dem angrenzenden Lehrmittelraum. Alles sieht noch so aus wie im Schuljahr 1948/49. Mit den zahlreichen noch vorhandenen Utensilien kann sogar ein Schultag nachgestellt und mit dem Griffel an der Tafel geschrieben werden. Auch gibt es Antworten auf die Fragen, was man sich unter den damaligen Schulstrafen wie dem Holzscheitknien, dem Tatzengeben und dem Verabreichen eines Hosenspanners vorstellen muss. Und wurde es überhaupt richtig warm in dem mit Holz und Kohle beheizten Klassenzimmer?

Klassen, in denen alle acht Schuljahrgänge zusammensaßen, waren damals normal. Den Museumsbetreibern geht es aber nicht darum, der »guten alte Zeit« zu frönen, sie möchten den heutigen Schulkindern die Vergangenheit nahebringen. Während der Führungen kann der Unterricht von damals live erlebt werden. Dabei dürfte bei älteren Besuchern die eine oder andere heitere oder aber auch schlimme Erinnerung wach werden. Jüngere Besucher bekommen dagegen einen Eindruck von der Schulzeit ihrer Großeltern. Es wird sich aber auch kritisch mit den harten Strafen für die Schulkinder auseinandergesetzt. Außerdem sind im Dachgeschoss verschiedene Sammlungen von Schulbüchern aus unterschiedlichen Epochen sowie alte Schreibgeräte und weitere Unterrichtsutensilien wie Holzzirkel, Schiefertafeln etc. ausgestellt.

1. Allgäu-Schwäbisches Dorfschulmuseum · Ostern–Ende Okt. So, Feiertag 14–17 Uhr, Führungen ganzjährig nach Voranmeldung · Ortsstraße 17 · 87746 Erkheim-Daxberg · Tel. 0 83 36/7 3 24 · www.erkheim.de · Haltestelle: Bahnhof Sontheim, Bus bis Erkheim, Fußweg ca. 5 Min.

Schiefertafel von anno dazumal
Altes Klassenzimmer im Originalzustand

35

Alltag der Mönche

1975 wurde der Grundstein für das Kartausenmuseum in Buxheim gelegt, das in den folgenden Jahren stetig erweitert wurde. Drei ehemalige Zellen, in denen die Mönche lebten, sind in das Museum integriert worden. Sie gewähren einen kleinen Einblick in das Leben im Kartäuserorden.

Die ehemaligen Mönchszellen, die jeweils aus drei Räumen bestanden, wurden 2007 im Rahmen der Umgestaltung des Museums völlig neu ausgestattet. Die erste Zelle informiert seither über den heiligen Bruno von Köln, den Gründer des Ordens, über die Geschichte der Kartause Buxheim, die noch heute bestehenden weiteren Kartäuserklöster und die Besitztümer der Buxheimer Kartause. Die Rekonstruktionen der *Kartäusertriptychons* von Bernhard Strigel, eines Flügelaltars aus der Ulmer Werkstatt sowie Wechselbilder von Gabriel Weiß können hier ebenfalls besichtigt werden. Mehr über das Leben der Mönche erfährt man in der zweiten Zelle. Die Bilder der Kartause Marienau gewähren einen Einblick in die Wohn- und Schlafräume sowie in die Werkstatt und den Kartausengarten. Im Ave-Maria-Altar ist zudem eine Kopie eines Holzschnitts von Albrecht Dürer zu sehen.

Originalbücher der ehemaligen Bibliothek, die einst aus über 15 000 Büchern bestand, sind in einem Raum der Mönchszelle 3 zu finden. Die wertvollen Drucke ließ der unter Finanznot leidende Graf Waldbott von Bassenheim leider im Jahr 1883 versteigern, aber dem Heimatdienst ist es durch großes Engagement bisher gelungen, 1200 Bücher ausfindig zu machen und zurückzukaufen. Ein maßstabsgetreues Modell aus dem Jahr 1975, das die gesamte Anlage der Buxheimer Reichskartause zeigt, sowie Schautafeln informieren zudem über die Zeit vom Barock bis zur Gegenwart. Natürlich auch über den berühmten Kartäuserlikör Grande Chartreuse, der wahrscheinlich bekannter ist als die Kartäuser es selbst sind – und der im Museumsshop der Kartause erhältlich ist.

Kartausenmuseum Buxheim · April–Nov. tgl. 10–17 Uhr, Führungen nach Anmeldung · Tel. 0 83 31/6 18 04 · www.kartause-buxheim.de · Haltestelle: Bahnhof Memmingen, Bus bis Buxheim Maienplatz

Garten vor den Mönchszellen
Kreuzgang des Kartäuserklosters

36

Morbider Charme in Memmingen

Wunderschöne alte Barockgräber erinnern an Patriziergeschlechter, aber auch an Handwerker- und Bürgerfamilien. Die monumentalen Grabdenkmäler auf dem alten Friedhof in Memmingen zählen zu den besterhaltenen in Deutschland. Man muss also nicht gleich nach Paris oder Wien fahren.

Als in der Reichsstadt Memmingen im Jahr 1529 die Friedhöfe St. Martin, Unser Frauen und Im Spital aus Platzmangel geschlossen wurden, baute man nahe des ehemaligen Schottenklosters St. Nikolaus einen neuen Friedhof. Dieser wurde über 400 Jahre genutzt, aber nachdem auch er im Jahr 1930 geschlossen wurde, verwandelte sich das Areal des »Alten Friedhofs« mehr und mehr in eine Parkanlage. Die barocken Grabbauten und -skulpturen der alten Patriziergeschlechter wie derer von Grimmel, von Wachter oder von Zoller sind aber nach wie vor beeindruckend. Die Mitglieder dieser Familien waren Bürgermeister, Räte oder Richter, die die Geschicke und die Entwicklung der Stadt entscheidend mitbestimmten. So liegt auf dem Alten Friedhof auch ein Stück der Memminger Stadtgeschichte begraben.

▶ **Der LBV-Vogellehrpfad Friesenried Kaufbeuren. Tel. 0 83 47/7 89, www.kaufbeuren-tourismus.de**

Wer mehr über diese Familien und die Geschichte der Stadt erfahren möchte, kann in den alten Friedhofsbüchern und Unterlagen, die im Stadtarchiv zugänglich sind, stöbern. Es gibt sogar einen Förderverein, Alter Friedhof Memmingen e.V., der in regelmäßigen Abständen kostenlose Führungen anbietet. Dabei wird auf die verschiedenen Berufsgruppen, eingegangen und man erfährt nicht nur etwas über die Geschichte der Familien, sondern auch über die damaligen Lebensumstände. Wer der speziellen Atmosphäre von alten Friedhöfen etwas abgewinnen kann, aber nicht extra nach Wien zum alten jüdischen Friedhof oder nach Paris zum berühmten Père Lachaise fahren möchte, findet sie auch hier. Wenn auch nur im Kleinen.

Alter Friedhof Memmingen · Friedhofweg · 87700 Memmingen · Tel. 0 83 31/25 56 · www.memmingen.de/heimatpflege.html · Haltestelle: Bahnhof Memmingen, Fußweg ca. 5 Min.

Grabmäler auf dem alten Friedhof von Memmingen.

Ein »Governesscar« gibt es hier auch.
Eine sogenannte Kinderkutsche

Beschauliche Ausfahrten

Um die Kunst des Kutschenbaus nicht in Vergessenheit geraten zu lassen, hat Werner Niklas Mitte der Siebzigerjahre ein Kutschenmuseum eröffnet. Bis heute sind über 100 Fahrzeuge zusammengekommen, alle fahrtüchtig. So stehen für Kaffeefahrten, Hochzeiten oder Geburtstage verschiedene Kutschen aus der Sammlung bereit.

Gezeigt werden Kutschen aus der Zeit um 1900, wie sie auf Fuhrmannshöfen und in Herrschaftshäusern zu finden waren. Ein Teil der Fahrzeugsammlung wurde zu einer Ausstellung in einer Galerie zusammengestellt, die nach telefonischer Voranmeldung besichtigt werden kann.

Werner Niklas, der sich selber gern als einen »Lohnkutscher« bezeichnet, vermietet diese aber auch. Die Kutschen können bei den unterschiedlichsten Anlässen eingesetzt werden und machen Ausfahrten, Hochzeiten oder Jubiläen zu etwas ganz Besonderem. Sogar die Medien haben das schon bemerkt, deshalb werden die Kutschen inklusive Pferdegespann und Kutscher auch als Requisiten für Film und Fernsehen gebucht, so unter anderem schon für die Filme »Dornröschen«, »Bergwehen – Die Hebamme«, »Rossini« oder »Das zweite Leben Joseph Haydn's«.

▶ **Die Duft- und Kräutergärten im Kurpark Bad Wörishofen, die die Entwicklung der heilenden Pflanzenanwendung zeigen. www.bad-woerishofen.de**

Für eine gemütliche Ausfahrt geht's um 14.30 Uhr »Am Tannenbüchl« am Pferdestall los. Die Rundfahrt in den Süden von Bad Wörishofen, mit einem Halt bei der Wallfahrtskirche von 1710, führt zum höchsten Punkt der Stadt. Im »Hartenthaler Hof«, einem Ausflugslokal mit wunderschönem Panoramablick über die Berge, warten schon der versprochene Kaffee und Kuchen. Gefahren wird mit historischen, über 100 Jahre alten Pferdekutschen. Je nach Zahl der Mitfahrer stehen die passenden Fahrzeuge zur Verfügung. Vom Landauer über die Victoria-Kutsche bis hin zum Kremser. Das Pferdegespann, die Rappen Leica und Ramon, sowie der Kutscher Werner Niklas freuen sich immer über das Interesse an diesen nostalgischen Gefährten.

Kutschensammlung Niklas · nach Vereinbarung · Heimstraße 25 · 86625 Bad Wörishofen · Tel. 0 82 47/42 49, 01 71/3 73 51 69 · www.kutschenniklas.de · Haltestelle: Bahnhof Memmingen, Bus bis Bad Wörishofen Marktplatz, Fußweg ca. 15 Min.

38 Barfuß unterwegs in Bad Wörishofen

Wussten Sie schon, dass hier »unten ohne« in ist? Aber keine Sorge, im Kurpark von Bad Wörishofen sind keine Exhibitionisten unterwegs, vielmehr Leute, die einfach gern barfuß gehen. Auf den verschiedenen Untergründen wird nämlich ausschließlich die Sensibilität der Fußsohlen gefördert.

Eigentlich ist der Kurpark so, wie man ihn sich in einer Kurstadt vorstellt. Doch eine Sache ist anders – der 1550 Meter lange Barfußweg. An dessen 23 Stationen wird nicht nur den Füßen ein Erlebnis beschert. Für diejenigen, die nach den 1,5 Kilometern noch nicht genug und Lust auf mehr haben, gibt es eine Verlängerung bis zur Kneippanlage.

Der Barfußweg wurde im Jahr 2012 angelegt. Seitdem haben sich schon zahllose Füße an den spannenden 23 Erlebnisstationen mit klangvollen Namen wie Katzenkopf-Fuß, Baum-Fuß, Zapfen-Fuß, Rosen-Fuß, Stein-Fuß, Sumpf-Fuß, Labyrinth-Fuß, Balance-Fuß, Strand-Fuß, Schweiß-Fuß, Der-Nase-nach-Fuß oder Gegen-den-Strom-Fuß gefragt, worauf sie wohl gerade stehen. Die unterschiedlichsten Bodenbeläge mit den Zehen zu erforschen, ist die eigentlich lustige Aufgabe. Dabei werden sicher nicht nur Kinder einen Riesenspaß haben. Am Beginn des Pfades, der zugleich auch das »Ziel« ist, befinden sich Schließfächer für die Socken und Schuhe und eine Möglichkeit, sich nach dem Rundgang die Füße zu waschen. Für den gesamten Barfußweg benötigt man etwa eine Stunde.

Gehen Sie nur so schnell, wie Sie kleinen Hindernissen wie Wurzeln und Baumstümpfen sicher ausweichen können. Auch Bienen lassen sich nicht völlig vom Barfußweg fernhalten, also aufgepasst! Wer gerne barfuß geht, sollte auch gegen Tetanus geimpft sein. Und bei allem Spaß scheint auch der gesundheitliche Nutzen unbestritten, denn wie sagte einst Sebastian Kneipp: »Der Anfang der Abhärtung bleibt immer das Barfußgehen. Es gewöhnt unsere Natur (den Körper) am meisten an die Erde. Dabei wird das Blut nach unten geleitet, der Blutumlauf geregelt und die Füße gekräftigt.«

Barfußweg · Kurpark Bad Wörishofen · Alfred-Baumgarten-Straße · 86825 Bad Wörishofen · Tel. 0 82 47/99 33 55 · www.bad-woerishofen.de · Haltestelle: Bahnhof Memmingen, Bus bis Bad Wörishofen Marktplatz, Fußweg ca. 5 Min.

Ein Schloss in Tussenhausen

Lange war es der herrschaftliche Sitz der Marschalken von Mattsies, heute befindet es sich in Privatbesitz und verfällt leider, steht aber unter Denkmalschutz. Das Schloss Mattsies befindet sich südlich des gleichnamigen Ortsteils von Tussenhausen im Unterallgäu und wartet sehnsüchtig auf eine neue Aufgabe!

Was macht ein Schloss zum Schloss und warum heißt es nicht Burg?
Das ist schnell erklärt, denn im Gegensatz zu einer Burg war ein Schloss hauptsächlich für das repräsentative Wohnen bestimmt. Schlossherren empfingen hier ihre Gäste und konnten ihren Reichtum zur Schau stellen. Burgen wurden hingegen hauptsächlich für die Verteidigung an strategisch wichtigen Plätzen gebaut. Sie waren bewohnbare Festungen, die auch zur Demonstration von Macht dienten und der Bevölkerung im Notfall auch Schutz boten, wenn Feinde durch das Land streiften und plünderten.

Erstmals erwähnt wird das Schloss Mattsies im Jahr 1246. Es war als burgauisches Lehen ab 1357 im Besitz derer von Ellerbach, bis es auf Befehl von Kaiser Friedrich II. 1456 niedergebrannt wurde. Nach zahlreichen Besitzerwechseln und Zerstörungen wurde das Schloss um 1525 wieder errichtet. Mitte des 19. Jahrhunderts hat man nach Plänen von Hans Schurr weitere Veränderungen am Portal, am Aborterker und am Treppenhaus vorgenommen, und in einem letzten Umbau wurde das Schloss in Richtung Südwesten verlängert. Das Hauptgebäude besteht seitdem hauptsächlich aus dem fünfgeschossigen Wohnturm am nördlichen Ende der Anhöhe.

Beeindruckend sind vor allem die türmchenartigen Giebelaufsätze am Satteldach des Wohnturms oder die hölzernen Loggien an den Obergeschossen des aus der Neurenaissance stammenden Anbaus im Südwesten. Wer sich für historische und weniger bekannte Gemäuer interessiert, sollte am besten einfach einmal hinfahren und sich das Schloss anschauen. Auch wenn das derzeit nur von außen möglich ist, lohnt es sich, und wer weiß, vielleicht findet sich ja bald eine neue Nutzungsmöglichkeit!

Schloss Mattsies · Schloßstraße Mattsies · 86874 Tussenhausen · www.mattsies.info · Haltestelle: Bahnhof Mindelheim, Bus bis Tussenhausen, Fußweg ca. 55 Min.

Blick in die Sterne

Wer dem Weltall näher kommen, dem Alltag aber entfliehen möchte, kann dies im Allgäuer Observatorium zumindest für die Dauer einer Multimediashow tun. Jeden Freitagabend finden hier regelmäßig Vorträge statt. Sogar ein Blick durchs Teleskop ist für die Besucher möglich!

Die professionelle Technik macht es möglich, dass die Besucher bei einem abendlichen Ausflug nach Ottobeuren in die faszinierende Welt der Astronomie und des Weltalls eintauchen können. Die Sterne scheinen dann zumindest für die Dauer einer Vorführung zum Greifen nahe zu sein, auch wenn es schwerfällt, sich die Dimensionen des Weltalls auch nur ansatzweise vorzustellen. Aber die leicht verständlichen Vorträge regen zum Träumen und Nachdenken an.

Nach der etwa drei Jahre dauernden Bauzeit und über 4000 freiwillig geleisteten Arbeitsstunden konnte die Sternwarte im Jahr 1969 endlich auf dem südlich von Ottobeuren gelegenen Höhenzug eröffnet werden. Auf 746 Metern fand man damals auf dem Konohof die idealen Bedingungen für die Himmelsbeobachtung. Gab es hier oben doch freie Sicht in alle vier Himmelsrichtungen und nur wenig Streulicht. Sogar eine Zufahrt von Ottobeuren aus über schöne Spazierwege oder für das Auto war vorhanden. Im Jahr 1972 wurde das Observatorium um ein 30-cm-Spiegelteleskop erweitert. Da der Besucherandrang aber immer größer wurde, musste die Sternwarte zwischen 1987 und 1988 vergrößert werden. Die Anlage wird seitdem von den Vereinsmitgliedern betrieben und durch den Bezirk Schwaben, den Landkreis Unterallgäu, die Marktgemeinde Ottobeuren, das Deutsche Jugendherbergswerk und viele private Spender gefördert. Nur so konnte ein Observatorium entstehen, das astronomische Weiterbildung ermöglicht, aber auch der anspruchsvollen Amateurastronomie dient. Trotz der vielen Berge, näher als hier kann man dem Himmel im Allgäu wohl nicht kommen!

Allgäuer Volkssternwarte Ottobeuren e.V. · Fr ab 19.30 Uhr · Dr. Friedrich-Kuhn-Weg · 87724 Ottobeuren · Tel. 0 83 32/9 36 60 58 · www.avso.de · Haltestelle: Bahnhof Memmingen, Bus bis Ottobeuren, Fußweg ca. 10 Min.

Der nächtliche Blick in den Himmel
Das Gebäude der Allgäuer Volkssternwarte

Der Kaisersaal der Benediktinerabtei Ottobeuren

41

Kultur und Klosterleben

»Ora et labora«, bete und arbeite! Nach diesem Grundsatz leben die Mönche im ehemaligen Familienkloster der Grafen Silach. Aber man muss dem Orden nicht gleich beitreten, um sich die zahlreichen Sehenswürdigkeiten im Kloster anzuschauen! Neben Basilika, Museum, Bibliothek, Theater- und Kaisersaal gibt's auch ein Café.

Auch wenn die eine oder andere Annehmlichkeit unserer Tage im Kloster angekommen ist, so lebt die brüderliche Gemeinschaft der Benediktinerabtei noch nach den Grundsätzen aus der Zeit ihrer Gründung im Jahr 764, als sie sich in Ottobeuren angesiedelt hat. Ihr Leben besteht aber nicht nur aus Gebet und Arbeit, sondern auch aus Muße, Erholung und Festen in froher Gemeinschaft. Wer sich dafür interessiert und männlich ist, kann im »Kloster auf Zeit« herausfinden, ob dies seine Berufung ist.

Das ehemalige Familienkloster der Grafen Silach besiedelten Mitte des 8. Jahrhunderts Mönche aus dem Bodenseeraum. Im Lauf der Zeit wurde es ein unabhängiges Gebiet innerhalb des Deutschen Reiches, das nur dem Kaiser verpflichtet war. Der kleine Klosterstaat, der aus Ottobeuren und weiteren 27 umliegenden Dörfern bestand, fiel erst im Jahr 1802 an Bayern.

Nach dem Dreißigjährigen Krieg blühte das Kloster unter Abt Rupert II. regelrecht auf. Er förderte nicht nur das religiöse, sondern auch das soziale, wirtschaftliche und künstlerische Leben im Kloster und im Umland des Stifts. Der bedeutendste Beleg aus dieser Zeit ist wohl die Klosteranlage mit ihrer Kirche, ein Hauptwerk des europäischen Barock. Ottobeuren verdankt es nur der Treue und Hartnäckigkeit der damaligen Mönche, dass das Kloster 1834 unter König Ludwig I. nach der Säkularisation einen Neuanfang wagen konnte. Denn weder von Schikanen noch von staatlichen Zwangsmaßnahmen haben sie sich vertreiben lassen. Seit 1918 ist Ottobeuren deshalb wieder eine selbstständige Abtei.

Das Museum der Benediktinerabtei zeigt Schnitzereien, Altartafeln, Gemälde und historische Entwürfe der Deckenfresken in der Kirche.

Benediktinerabtei Ottobeuren · Sebastian-Kneipp-Str. 1 · 87724 Ottobeuren · Tel. 0 83 32/79 80 · www.abtei-ottobeuren.de · Haltestelle: Bahnhof Memmingen, Bus bis Ottobeuren Marktplatz, Fußweg ca. 9 Min.

Die rote Kapelle »Grotte«

»Lourdes« in Rammingen?

Rot leuchtet der Rohbacksteinbau am Ortsrand von Unterrammingen und fällt deshalb schon von Weitem auf. Von den Einheimischen schlicht »Grotte« genannt, ist die Lourdesgrotte am Ende eines Feldweges zu finden. Jedes Jahr im Mai findet hier eine schöne Lichterprozession statt.

Nachdem Pfarrer Lorenz Kast im Jahr 1839 von einer Wallfahrt nach Lourdes heimgekehrt war, war er von dem Gnadenort in Frankreich so begeistert, dass er eine solche Gedenkstätte auch in Rammingen haben wollte. Mit diesem Wunsch war der Pfarrer damals aber nicht allein, denn zu jener Zeit wollten immer mehr Gemeinden ihre eigene Grotte nach dem großen Vorbild bauen. Als Pfarrer Kast allerdings seine Idee in die Tat umsetzen wollte, wurde der Bau auf dem von ihm vorgeschlagenen Bereich zwischen dem damaligen Pfarrhof und der Pfarrkirch St. Magnus vom Bezirksamt Mindelheim nicht genehmigt. Nach reichlicher Überlegung kam ihm schließlich ein neuer Gedanke. Man könnte sie doch an der Stelle erbauen, an der schon die St.-Bernhard-Kapelle steht. Gesagt, getan, genehmigt! Im Jahr 1891 wurde mit dem Bau der Grotte im neuromanischen Stil begonnen. Die rote Außenfarbe erhielt sie durch das verwendete Baumaterial, Rohbacksteine, die unverputzt blieben. Die »Grotte« beherbergt eine Muttergottes-Figur, die dem Original nachempfunden ist. Die echte Skulptur, die Bildhauer Fabish nach Berichten über Erscheinungen im Jahr 1858 geschaffen hat, steht nämlich seit 1864 in der natürlichen Grotte von Massabielle nahe Lourdes.

Nach ihrer Fertigstellung wurde die »Grotte« in das religiöse Leben der Ramminger Bürger intergriert. Im Marienmonat Mai sowie im Rosenkranzmonat Oktober wird allabendlich der Rosenkranz gebetet. Einige Frauen spendeten der Lourdes-Muttergottes sogar ihre wertvollen Rosenkränze. Seit 1965 wird zudem jedes Jahr im Mai die vom damaligen Pfarrer Dr. Albert Haider eingeführte Lichterprozession abgehalten.

Lourdesgrotte · Am Ende des Grottenweges Unterrammingen · 86871 Rammingen · Tel. 0 82 45/17 22 · www.rammingen.de · Haltestelle: Bahnhof Türkheim, Rufbus bis Unterrammingen

Herzklopfen am Seil

Sobald man sich eingeklinkt hat, geht's in atemberaubendem Tempo nach unten! Für reichlich Adrenalin ist gesorgt, und wer keine Angst vor Höhe und Geschwindigkeit hat, macht hier sicher zwei zwar kurze, aber eindrucksvolle Erfahrungen! Die bisher älteste Fahrerin ist über 80 Jahre alt!

Die Abfahrt erfolgt nämlich in zwei Etappen. Nachdem man eingewiesen wurde und Gurtzeug und Helm angelegt hat, wird man in die Seilrolle eingehängt. Auf dem ersten,»langsameren« Abschnitt, dem »National Flight«, kann man sich bei maximal 60 Stundenkilometern schon etwas akklimatisieren. Am Transit Tower steigt man dann um. Vor lauter Aufregung aber bitte nicht vergessen, den grandiosen Blick über das Allgäuer Voralpenland zu genießen. Noch einmal kurz durchatmen und weiter geht's auf die »schnelle« Strecke. Der »International Flight« führt mit bis zu 130 Stundenkilometern in 60 Metern Höhe direkt zur Talstation. Keine Sorge, die Flugdauer beträgt jeweils nur ungefähr 40 Sekunden, es ist also schon vorbei, bevor man wirklich Angst bekommen kann. Außerdem wird Sicherheit großgeschrieben, aber ohne dem Spaß zu schaden.

Das sah auch ein Brautpaar so, das mit über 130 Sachen ins Eheglück gerast ist. Der bisher ungewöhnlichste und gleichzeitig älteste Fluggast war aber eine neunzigjährige Dame, die den Flug trocken kommentierte: »A' bissel windig war's«!

Zurück zur Talstation der Alpspitzbahn geht es anschließend zu Fuß. Um hinauf zum Startpunkt zu gelangen, gibt es zwei Möglichkeiten. Mit der Kombibahn I erreicht man die Mittelstation und mit der Kombibahn II den Takeoff Tower. Zurück ins Tal geht's dann wieder bequem mit Kombibahn I. Der Takeoff Tower ist aber auch zu Fuß vom Parkplatz aus in etwa 90 Minuten zu erreichen: über Stufen und Stege an einem Bach entlang zum großen Wasserfall und vorbei an der Mittelstation der Alpspitzbahn bis zur Bergstation der Kombibahn II.

Alpspitzkick · Alpspitzbahn GmbH & Co. KG · Alpspitzweg 5 · 87484 Nesselwang · Tel. 0 83 61/12 70 · www.alpspitzkick.de · Haltestelle: Bahnhof Nesselwang, Fußweg ca. 20 Min.

Adrenalin pur – bei bis zu 130 Stundenkilometern!

44

Ein anderer Blick

Schloss Neuschwanstein kennt fast jeder. Den Weg, der durch die Pöllatschlucht dorthin führt, aber vielleicht nicht. Zum Schloss gelangt man auch mit der Tegelbergbahn und über die Marienbrücke. Die Hängebrücke gehört übrigens zu den besten Standorten, um das Schloss zu fotografieren.

König Ludwig II. ließ das Schloss bekannterweise einst auf einem fast senkrecht abfallenden Felsen bauen, der gleichzeitig die westliche Begrenzung der Pöllatschucht ist. Der König liebte die Symbiose, die sein »Märchenschloss« mit der Natur einging. Den besten Eindruck davon, wie wunderschön die Natur hier ist, hat man von der Marienbrücke. Diese ließ, wer hätte anderes erwartet, natürlich auch König Ludwig II. erbauen, um den fabelhaften Blick auf sein Schloss so oft wie möglich genießen zu können. Direkt darunter stürzt der größte Wasserfall der Schlucht aus ca. 30 Metern in die Tiefe. Von hier hat man einen unbeschreiblichen Ausblick über die ganze Pöllatschlucht und weit hinein ins Allgäu.

Von der Talstation aus ist die Schlucht über einen eisernen Steg und auf gut ausgebauten Wegen begehbar. Auf dem Weg über Stein- und Eisenstufen kommt man an vielen Wasserfällen vorbei, deren Kraft den König so faszinierte. Die herabstürzenden Wassermassen haben die Felsen rund geschliffen und die schönen, Kolke genannten, durch Erosion bedingten Strudeltöpfe geformt. Der Aufstieg von der Talstation ist nicht zu unterschätzen, aber für geübte Wanderer kein Problem. Wem der Abstieg zu Fuß über den »Schutzengelweg« zu gefährlich ist, geht einfach weiter zur Tegelbergbahn (ca. 60 Min.) und fährt damit bequem zurück zur Talstation. An der Bergstation gibt es nicht nur eine Sonnenterrasse, hier man kann auch etwas essen und trinken.

Egal, welchen Weg man nimmt, festes Schuhwerk ist ein Muss. Denn bei schlechtem Wetter besteht Rutschgefahr. Kinder an der Hand halten, nicht über die Absperrungen klettern und die Warnhinweise beachten!

Pöllatschlucht · Parkplatz Gipsmühlweg · 87645 Schwangau · Tel. 0 83 62/8 19 80 · www.schwangau.de · Haltestelle: Bahnhof Füssen, Fußweg ca. 15 Min.

Die Marienbrücke führt über die Pöllatschlucht.

45

Der Ritt auf den Hörnern

Das Original »Pfrontar Schalengge-Rennen« ist heutzutage eher eine Faschingsveranstaltung als ein wirklicher Wettkampf. Waren die Hörnerschlitten früher das einzige Transportmittel, um Heu und Holz vom Berg ins Tal zu befördern, stehen sie heute für Gaudi pur. Und die sollte man sich auf keinen Fall entgehen lassen!

Das größte Allgäuer Schlittenrennen verspricht jedes Jahr aufs Neue Spannung und Spektakel. Immer am Faschingssamstag stürzen sich etwa 200 mutige Teilnehmer mit den hölzernen Hörnerschlitten den 1000 Meter langen Hang hinab. Übrigens kommen alle der teils lustig kostümierten »Schalenggar« in die Wertung, selbst dann, wenn sie nur noch mit Bruchstücken ihres Hörnerschlittens das Ziel erreichen. Und nicht nur das schnellste, sondern auch das langsamste Team erhält fairerweise einen Pokal.

Früher wurden im Sommer auf den Bergwiesen Bergheu und Brennholz gemacht und eingelagert. Damals gab es nur eine Möglichkeit, um das Futter für das Vieh und das Brennholz im Winter ins Tal zu befördern. Auf einem steilen Weg fuhren jeweils zwei Männer mit den Hörnerschlitten ohne Bremse, aber dafür schwer beladen mit hohem Tempo ins Tal. Jeden Tag drei- bis viermal, und jedes Jahr gab es Verletzte und Schlittenbrüche. In Stammtischlaune kamen Mitte der Siebzigerjahre einige Kappeler Männer auf die Idee, diese alte Tradition in Form eines Gaudirennens wieder aufleben zu lassen. Damals waren sie die Ersten im Allgäu, die ihre alten »Schalenggen« wieder aus der Scheune holten. Da alle einen Riesenspaß hatten, beschloss man im nächsten Jahr ein richtiges Schalenggerennen zu veranstalten. Für das »1. Allgäuer Schalengge Rennen« am 19.02.1977 meldeten sich schon 73 Starter an. Von Jahr zu Jahr stieg die Teilnehmerzahl, und 1981 waren es sage und schreibe 277 Teilnehmer. Deshalb wurde im Jahr 1982 der »Kappeler Schalenger Verein e.V.« gegründet. Auf der verkürzten Original-Strecke sind nur Original-Schalenggen zugelassen. Hilfsmittel wie Bremsen oder Lenkhilfen sind nicht erlaubt.

Kappeler Schalenger Verein e.V. · Kappeler Straße 16 · 87459 Pfronten · Tel. 0 83 63/51 46 · www.kappelar-schalenggar.de · Haltestelle: Bahnhof Pfronten-Weißenbach, Fußweg ca. 10 Min.

Zieleinfahrt beim Kappeler Hörnerschlittenrennen

46

Zeit für Steine

Mit »Berg-Schätzen« aus ganz Europa und dem Allgäu, mit der Steinmühle, dem kleinen Lehrpfad der Erdgeschichte und dem Mineraliensammelplatz soll aus dem privaten Museum von Reiner Augsten ein spannendes Erlebnisdorf werden. Eigentlich ist ja alles schon da, nur noch nicht ganz fertig!

Die Allgäuer Steinerlebniswelt von Reiner Augsten gehört tatsächlich schon heute zu den musealen Attraktionen im südlichen Allgäu. Denn in dem privat geführten Museum werden etwa 2400 Exponate von Kristallen und geschliffenen Mineralien gezeigt, die Augsten in ganz Europa fand. Aber auch farbenprächtige, heimische Gesteine sowie Millionen Jahre alte Fossilien. Da er seine Funde aus über 350 teils klassischen, europäischen Fundstellen selbst bearbeitet, hat er eine eigene Steinschleiferei sowie eine »Steinwerkstatt« im Haus untergebracht. Mit seiner Kugelschleifmaschine fertigt er außerdem seine sogenannten »Kappeler Königskugeln«. Durch tagelanges, ständiges Drehen und Schleifen entstehen darin aus Gesteinsbrocken wie beispielsweise Lapislazuli kleine runde, glänzende Kunstwerke. Am Mineraliensammelplatz kann man dann sogar selbst nach Mineralien und Kristallen aus aller Welt suchen, und wer gerne einmal Steine klopfen möchte, wird sich über den »Steinklopfplatz« freuen. Ein Abenteuer für Groß und Klein. Bald wird auch ein Lehrpfad entstehen, auf dem man dann »durch die Gesteinsschichten« und die letzten Jahrmillionen der Erdgeschichte wandern kann.

Kappel soll ein Naturerlebnis zum Anfassen werden, und das nicht nur für Mineraliensammler. Auch Anhänger der Steinheilkunde und Esoterik will Reiner Augsten ansprechen. Zudem gibt es eine Fundstellenliste, die ständig aktualisiert wird und die auch online abrufbar ist. Da es ihm sehr am Herzen liegt, über die Schönheit der Natur zu informieren, ist der Eintritt für interessierte Besucher frei. Anschauen und anfassen darf man also kostenlos, erst wenn man Steine schleifen lässt, wird zur Kasse gebeten.

Allgäuer Steinerlebniswelt · Mo, Mi, Fr 15.30–18.30 Uhr · Kreuzleweg 18 · 87459 Pfronten-Kappel · Tel. 0 83 63/92 66 12 · www.steinerlebniswelt.de · Haltestelle: Bahnhof Pfronten-Weißbach, Fußweg 5 Min.

Vitrinen voll selbst gefundener Mineralien

Die Burgruine, der letzte Traum Ludwigs II.
Das Burghotel auf dem Falkenstein

47

Des Königs letzter Traum

Es sollte ein weiteres Schloss für den Märchenkönig werden. Doch außer einer Zufahrt und einer Wasserleitung ist nichts vom letzten Traum Ludwigs II. übrig geblieben. Auf 1268 Metern ist Falkenstein aber Deutschlands höchst gelegene Burgruine mit einem geradezu atemberaubenden Ausblick.

Wenn es nach den Plänen König Ludwigs II. gegangen wäre, sollte auf dem Berg Falkenstein sein letztes Refugium entstehen. Gescheitert ist man aber nicht nur am Gelände, das kaum für den Bau eines Schlosses geeignet war, sondern auch am Geldmangel und am frühen Tod des Königs 1886.

Eigentlich sollte der Bühnenbildner Christian Jank, der bereits die Entwürfe für Schloss Neuschwanstein gezeichnet hatte, auch die Planung für das neue Schlosses übernehmen. Nachdem der König die Burgruine Falkenstein im Jahr 1883 erworben hatte, stellte sich jedoch heraus, dass hier sowohl aus bautechnischen als auch aus Platzgründen keine Bebauung möglich war. Aufgrund der Finanzlage des Königs zeichnete der Nachfolger Janks, Georg von Dollmann, 1884 eine kleine Burganlage mit einem hohen Hauptturm. Dieser viel zu bescheidene Entwurf erboste den König derart, dass er den Vertrag mit Dollmann umgehend kündigte, um ihn

▶ **Vom Parkplatz der Breitenbergbahn zum Aufstieg zur Mariengrotte, von dort zur Ruine Falkenstein und wieder retour. Eine leichte Bergwanderung von 850 auf 1200 Meter mit ca. 1,5 Stunden Wanderzeit.**

an den Regensburger Architekten und Oberbaurat Max Schultze weiterzugeben. Schultze ließ 1885 eine Wasserleitung und einen neuen Burgweg anlegen, aber das Projekt blieb unvollendet. Die Bauarbeiten wurden eingestellt, nachdem König Ludwig im Starnberger See ertrunken war. Ein Blitzeinschlag in die Burgruine ließ 1889 schließlich die komplette Giebelwand im Osten einstürzen. Erst um 2000 wurde das Mauerwerk fachgerecht saniert, und seit dem Einbau einer Aussichtsplattform fünf Jahre später hat man einen großartigen Panoramablick über das Alpenvorland.

Burgruine Falkenstein · Auf dem Falkenstein 1 · 87459 Pfronten-Meilingen · Tel. 0 83 63/6 98 88 · www.pfronten.de · Haltestelle: Bahnhof Pfronten, »König-Ludwig-Weg« ca. 60 Min.

Übernachten hoch oben im Baum
Im schwankenden »Himmelbett«

48

Na dann, gute Nacht!

Langeweile vor dem Schlafengehen wird es hier sicher nicht geben. Wer denn möchte, hat vor einer Nacht im Baum eher die Qual der Wahl! Das Angebot ist groß: von 3-D-Bogenschießen über Klettern in den Baumkronen bis hin zu Slacklinen oder einem Eskimo-Wochenende. Da ist sicher für jeden das Richtige dabei!

Das Highlight des Waldseilgartens ist sicher eine Nacht im »Hotel der 1000 Sterne«. Hier erlebt man Übernachtungen der ganz besonderen Art hoch oben in den Baumkronen. Die passende Schlafstätte wählt man einfach aus verschiedenen, aber sehr ungewöhnlichen Angeboten aus.

So kann man zum Beispiel auf einer Plattform in den Bäumen übernachten. Nach einem gemeinsamen Grillabend geht's zum Schlafen hoch in die Bäume. Im »Himmelbett« angekommen, wiegt der Abendwind dann sacht in den Schlaf. Die Holzpodeste sind in sieben Meter Höhe schwebend zwischen zwei Bäumen aufgehängt oder zwischen vier Bäume gespannt. Keine Sorge, man ist natürlich immer mit einem Seil gesichert und kann auch jederzeit wieder hinuntersteigen. Nach einer ausführlichen Übung sollte jeder Übernachtungswillige in der Lage sein, seinen Körper mittels Steigklemmen einige Meter am Seil hochzuziehen, um nach einem ereignisreichen Tag ins »Bett« zu kommen.

Zum Schlafen im »Portaledge« wird das Schwebebett an einem dicken Ast im Baum aufgehängt, und der Auf- und Abstieg ist dabei nur mit einem Seil möglich. Je nach ausgewähltem Platz dauert der Fußmarsch dorthin mit Seil, Bett und Verpflegung im Gepäck 20 bis 45 Minuten. Nachdem man angekommen ist, wird das Schwebebett gemeinsam aufgebaut.

Wer es extremer mag, wird die Variante der »Bigwall-Bezwinger« vorziehen und in einer senkrechten Felswand übernachten. In Pfronten gibt es viele 100 bis 300 Meter hohe, steile Felswände. Die Belüftung von unten ist hier garantiert! Je nach vorgesehenem Schlafplatz muss man einen Fußweg dorthin von ca. 20 bis 45 Minuten einplanen.

Waldseilgarten Höllschlucht · Schlafen im Baum · Bürgermeister-Franz-Keller-Straße · 87459 Pfronten-Kappel · Tel. 0 83 63/9 25 98 96, www.waldseilgarten-hoellschlucht.de · Parkplatz an der Abzweigung Kappeler Str. 9, Haltestelle: Bahnhof Pfronten-Weißbach, Fußweg ca. 15 Min.

Schnitzarbeiten an einem Drachen

49

Traditionelles aus Holz

»Holz ist einfach ein schönes Material!« Damit ist eigentlich schon alles gesagt. Simone Beuße hat den Schritt in die Geschäftsführung der traditionsreichen Holzschnitzerei keinen Tag bereut. Vom Werkzeug bis zur vergoldeten Holzskulptur, hier gibt es alles, was das Schnitzer-Herz begehrt!

Simone Beuße kam schon früh mit Holz in Berührung, denn als Kind war sie recht oft in der Werkstatt ihres Großvaters in der Holzschnitzerei Dienewald. Im Alter von nur 29 Jahren hat sie im Jahr 2004 dann den Betrieb übernommen. Obwohl sie sich eigentlich hauptsächlich um die Verwaltung und den Ladenverkauf kümmert, weiß sie ganz genau, wie aus einem Stück Holz eine Figur entsteht. Die grob geschnitzten Figuren kommen zunächst als Rohling wieder zurück in die Werkstatt, wo die Feinarbeit dann von freischaffenden Kunstschnitzern übernommen wird. Dabei hat natürlich jeder Holzkünstler seinen eigenen Stil und wird je nach Bedarf von Beuße eingesetzt. Arbeiten wie das Vergolden und Bemalen der Figuren werden oft von Simone Beuße selbst und ihren Mitarbeiterinnen ausgeführt. Die schönsten der so entstandenen Arbeiten können dann nahe der Wallfahrtskirche Maria-Hilf im Stammhaus im Ortsteil Speiden bewundert und gekauft werden. Hier wird auch ganzjährig eine besondere Krippenausstellung gezeigt. Es gibt 60 verschiedene Ställe von alpenländisch bis modern zu entdecken, und die Figuren haben eine Größe von 8 bis 80 Zentimetern.

Zur Kundschaft zählen nicht nur Käufer von Figuren, ein großer Teil sind auch Hobbyschnitzer, die hier lediglich ihr Material kaufen. Einheimische und auch Kunden aus Österreich, der Schweiz und sogar Amerika bestellen hier ihre Rohlinge. Extra dafür wurde ein spezielles Außenlager im Eisenberger Ortsteil Osterreuthen errichtet.

Es gibt hier alles, was das Schnitzer-Herz begehrt. Rohlinge von Madonnen, Engeln, religiöse und profane Figuren, Tiere, Wandreliefs und selbstverständlich Krippen in verschiedenen Ausführungen.

Holzschnitzereien Beuße · Mo–Fr 9–12, 13–18 Uhr, Sa 9–12 Uhr · Dolder Straße 2 · 87637 Eisenberg-Speiden · Tel. 0 83 64/4 32 · www.holzschnitzereien-beusse.de · Haltestelle: Bahnhof Hopferau, Fußweg ca. 15 Min.

Dieser Stein weist den Weg zur Teufelsküche.

50

In der Teufelsküche

Falsch gedacht! Mit »großen Schwierigkeiten« hat das Geotop bei Ronsberg nichts gemein, man muss auch keine Angst davor haben, in selbige zu geraten. Denn die teilweise haushohen Gesteinsbrocken der Teufelsküche liegen dort seit Jahrtausenden ganz friedlich. Sie sind sogar ein toller Spielplatz für Kinder.

Auch wenn sich viele verwegene Sagen um diesen Ort ranken, ist die Teufelsküche nichts anderes als eine Ansammlung von sehr imposanten und wild übereinandergestapelten Felsbrocken. Teilweise haushoch und höher, sind sie einst im Tal des Flusses Günz den Hang hinuntergerutscht. Starke Klimaschwankungen führten in den letzten 2,6 Millionen Jahren zu einem ständigen Wechsel der Kalt- und Warmzeiten, was zur Folge hatte, dass die Gletscher stark anwuchsen und zusammenhängende Eisflächen bildeten. Diese Eismassen bedeckten weite Teile des Voralpenlandes und flossen auch nach Norden, wo sie mächtige Gesteinsbrocken ablegten.

Die aus verfestigtem Kalkgestein bestehenden Blöcke lösten sich nach der Eiszeit aus der über dem Fluss liegenden Talflanke und rutschten auf dem lockeren Schotter und geschmiert von Sedimenten ins Tal.

Heute lassen sich im Alpenraum mindestens sechs dieser Kaltzeiten nachweisen. Während einer Kaltzeit erreichte der Illervorlandgletscher, auf den die Ablagerungen der Teufelsküche zurückgehen, seine weiteste Ausdehnung. Breit gefächert floss damals sein Schmelzwasser ins Vorland ab und füllte die Täler und Flussrinnen. Schließlich bedeckte eine bis zu 25 Meter dicke Schotterschicht weite Teile des Vorlandes, aus der auch die wie von Riesenhand gewürfelten Felsbrocken der Teufelsküche stammen.

Von Obergünzburg aus in Richtung Ronsberg kommend, geht es nach etwa 2,5 Kilometern kurz nach dem Weiler Seesen rechts ab, dann auf einem Forstweg den bewaldeten Hang entlang (Hinweisschild). Von dort erreicht man die Teufelsküche zu Fuß in wenigen Minuten. Um jeden der Brocken kann man herumlaufen.

Teufelsküche · Felsengruppe zwischen Ronsberg und Obergünzburg · www.obergünzburg.de · Haltestelle: Bahnhof Kempten, Fußweg ca. 1 Std. (4 km), besser mit dem Auto

Pause während einer Kameltour

51

Seekrank im Allgäu

Wenn einem mitten im Allgäu plötzlich Kamele entgegenkommen, handelt es sich keineswegs um eine Fata Morgana. Eher um ein sicheres Zeichen dafür, dass die Allgäuer Kamelfarm nicht mehr weit entfernt ist. Wer gern Boot fährt und dem Reiten zugetan ist, kann hier beides verbinden – auf einem »Wüstenschiff«.

Als passionierte Reiterin wollte Christine Sieber schon vor über 20 Jahren wissen, was es mit dem Kamelreiten so auf sich hat. Das erste eigene Kamel kaufte sie schließlich in den Neunzigerjahren einem Zirkus ab. Weitere kamen dazu. Aber niemals hätte es die gelernte Bürokauffrau für möglich gehalten, dass sie für ihre Tiere einmal den Beruf aufgeben würde. Als Sieber schließlich auf Einladung des Präsidenten der Vereinigten Arabischen Emirate an einem Kamelrennen teilnahm und gerade sie als Frau dieses auch noch gewann, war die Hochachtung groß. Plötzlich bekannt geworden, meldeten sich immer mehr Leute bei ihr, die auch auf Kamelen reiten wollten. Zwischenzeitlich hatte sie mehr als 30 Tiere auf einer eigenen Farm – und die Wüste gegen das Allgäu getauscht. Hier bietet sie inzwischen seit einigen Jahren geführte Kameltouren an. Selbst im Winter ist das möglich, solange das Wetter mitspielt. Die Kälte macht ihnen nämlich nichts aus, sind sie doch an Temperaturen von minus 40 bis plus 40 Grad gewöhnt. Ihre Kamele sind für sie wie große Kuscheltiere, sagt Sieber, aber wenn man sie nicht gut behandelt, kann ihr Verhalten schnell ins Gegenteil umschlagen. Über Langeweile kann sich die zweifache Mutter sicher nicht beklagen, denn außer Kamelen hatte die Familie Sieber auch noch Pferde, Esel, Lamas, Yaks, Ziegen, Schafe, Affen, Papageien, Reptilien, Meerschweinchen, Hasen, Katzen und einen Hund. Nach einem Umzug konzentriert sich Christine Sieber aber wieder ausschließlich auf die Kameltouren. Ausritte auf den braven Kamelen finden abhängig vom Wetter statt und sind ein unvergessliches Erlebnis. Außerdem werden zahlreiche Tagestouren für Gruppen angeboten. Je nach Geschmack ist sicher für jeden etwas dabei.

Kamelfarm Allgäu · Füssener Str. 21 (Büro) · 87642 Halblech · Tel. 01 72/7 04 25 89 ·
info@kamelfarm-allgaeu.de · www.kamelfarm-allgaeu.de ·
Ausritte nur nach Vereinbarung · Bahnhof Füssen, Bus bis Halblech

Die Gesteinsschichten im Flysch vom Röthenbachtal haben sich um 90 Grad gedreht.

52

Verkehrte Welt im Flysch

Wer gern an der frischen Luft ist und wandert, wird den Weg am Röthenbach entlang zum Geotop Flysch mögen. In Halblech, wo der Allgäuer Radweg endet, geht's los, und der Mühe Lohn sind die beeindruckenden Gesteinsformationen und sehenswerten Steinornamente.

Mit dem Rad erreicht man den Ort Halblech im Ostallgäu, der etwa 150 Kilometer von Isny entfernt liegt, über Buchenberg, Kempten und Kaufbeuren. Östlich des Ortes fließt der Röthenbach, der sich tief in die sogenannte Flysch-Zone geschnitten hat. Diese steil aufragenden Gesteinsschichten sind schon in der Kreidezeit entstanden und wunderschön anzuschauen.

Der Begriff »Flysch« stammt aus dem Schweizerischen und bedeutet »fließen«. Flyschgestein entsteht aus Wasser- und Schlammströmen, die unter dem Meeresboden zirkulieren. Derartige Trübeströme können Entfernungen von mehreren Tausend Kilometern zurücklegen. Die Region, die sich vom Nordrand der steil aufragenden Kalkalpen bis hinunter zur Donau bei Wien erstreckt, wird als Flysch-Zone bezeichnet. Charakteristisch für dieses Areal sind die steilen Hänge mit großen Erosionsflächen, die vor vielen Jahrmillionen entstanden sind. Als sich durch tektonische Plattenverschiebung der afrikanische unter den europäischen Kontinent schob, hoben sich die Alpen als eine Art »Knautschzone«. Die ungeheuren Kräfte, die dabei wirkten, schoben die Schichten des ehemaligen Meeresbodens nach oben, stellten sie steil auf, falteten sie oder brachen sie ab. Daher sind sie um bis zu 90 Grad gedroht.

Das Geotop ist Teil des Naturschutzgebiets und Lebensraum für gefährdete Tierarten. Deshalb sollte man auf den Wegen bleiben. Vom Parkplatz Halblechbrücke geht's zu Fuß flussaufwärts ca. 3,5 Kilometer am Fluss Halblech entlang. Am Reiselsbach links halten, bis man nach ca. 1,2 Kilometern an einer Wegkreuzung anlangt. Dann wieder links am Röthenbach entlang, und nach etwa 500 Metern hat man das Geotop erreicht.

Flysch im Röthenbachtal · östlich der Gemeinde Halblech · 87642 Halblech · Tel. 0 83 68/91 22 20 · www.halblech.de alt, www.geopark-allgaeu.de · Haltestelle: Bahnhof Füssen, Fußweg ca. 2 Std. (7,5 km), besser mit dem Auto

Hüllenlos baden am Forggensee

Nackedeis am Forggensee

53

Er ist der größte Stausee Deutschlands, der größte See im Allgäu und der fünfgrößte See Bayerns. Aber neben all diesen Superlativen ist der Forggensee nicht nur wunderschön, sondern auch einer der wenigen Seen im Allgäu, an dem an manchen Stellen textilfrei gebadet wird, mehr oder weniger offiziell …

In den Fünfzigerjahren sollte in dem Weiler Forggen im Königswinkel nördlich von Füssen Dramatisches passieren. Denn der Fluss Lech wurde hier auf einer Länge von etwa zwölf Kilometern zur Energieerzeugung aufgestaut. Nach der Fertigstellung war mit einer Fläche von über 15 Quadratkilometern der größte Stausee Deutschlands entstanden. Auch »Speicher Roßhaupten« genannt, liegt er im Ostallgäu, im Gebiet von Schwangau, Füssen, Halblech, Rieden am Forggensee und Roßhaupten.

Der Stausee dient sowohl dem Hochwasserschutz als auch der Naherholung. Im Winter wird das Wasser abgelassen, dann ist der See trocken und begehbar. Vollen Wasserstand hat er daher nur im Sommer zwischen Juni und Mitte Oktober. Dann kann man hier baden, Bootfahren oder segeln. Es gibt Bootshäfen, Segelclubs und sogar eine Forggenseeschifffahrt.

Am Ostufer des Forggensees wird aber auch an vielen Stellen nackt gebadet. Die meisten erreicht man nach einem kurzen Fußmarsch. Zu den Plätzen gelangt man aber auch über den Radweg um den Forggensee. Wenn man von Buching Richtung Roßhaupten bei der LVA-Klinik Richtung Hegratsriedersee abbiegt, einfach nach der Ortschaft Greith rechts Richtung Wasser laufen oder radeln. Mit hoher Wahrscheinlichkeit erreicht man dort ein Gelände, wo man nackt baden kann. Fährt man weiter Richtung Roßhaupten, kommt links etwa zwei Kilometer nach dem Kiosk Illasbergsee ein Parkplatz. Am Nordende dieses Badeplatzes wird auch nackt gebadet, ebenso wie nördlich von Osterreinen, hier aber nur vereinzelt und etwas versteckt. Da es sich allerdings nicht um offizielle FKK-Strände handelt, ist auch keine Infrastruktur vorhanden.

FKK am Forggensee · Ufer bei Greith · 87642 Halblech · www.stadtgui.de/nacktbaden · Haltestelle: Bahnhof Füssen, Fußweg ca. 30 Min.

54 Kreuzigungsszene am Kalvarienberg

Der Kalvarienberg ist im 19. Jahrhundert entstanden und stellt die Kreuzigung Jesu nach. Er vereint die Natur mit der Kunst der Nazarener, die dafür eintraten, die Kunst im Sinne des Christentums zu erneuern. Gleichzeitig ist der Berg aber auch einer der besten Standorte, um Fotos von der Altstadt Füssens zu machen!

Schon König Ludwig II. war gern hier oben unterwegs! Sogar noch an Ostern 1886, im Jahr, in dem er starb. Wer heute dort hinauf möchte, kann es den vielen Füssenern gleichtun und von der Kirche Frau-am-Berg dem Kreuzweg folgen. Vorbei an den kleinen Kreuzweg-Stationen geht's zu Fuß hinauf zum Gipfel des Kalvarienbergs. Der Weg endet auf der Hirschwiese, wo an der Marienkapelle jedes Jahr am 1. Mai sowie am Fest der Kreuzerhöhung eine Messe unter freiem Himmel abgehalten wird. Nach weiteren 35 Minuten erreicht man dann die Gipfel-Plattform mit den drei Kreuzen. Von hier hat man eine tolle Aussicht auf die Schlösser Neuschwanstein und Hohenschwangau und auf den Schwansee. Unter der Plattform verläuft ein Tunnel. Darin befinden sich mehrere kleine Kapellen, die das Leiden und Sterben Jesu nachempfinden lassen.

Der Füssener Kalvarienberg ist der Initiative von Johann Baptist Graf zu verdanken, der seit 1832 Stadtpfarrer von Füssen St. Mang war und seine ganze Schaffenskraft für den Berg einsetzte. Es war Graf immer ein Herzensanliegen, den Glauben an Jesus Christus und die Liebe zum Kreuz erfahrbar und erlebbar zu machen. Mit dem Denkmal dankte die Gemeinde ihm für seinen Einsatz.

Im unterhalb des Kalvarienbergs rund um den Schwansee angelegten Schwanseepark mit seinen Blumenwiesen sind sogar seltene Orchideen zu finden. Nimmt man zurück den Weg über das Königssträßle, kommt man am Walderlebniszentrum Ziegelwies und am Lechfall vorbei. Wenn noch Zeit ist, lohnt es sich, hier einen Stopp einzulegen. Oder man geht ab dem Schwansee über den Fischersteig und den Alpenrosenweg zum Walderlebniszentrum.

Kalvarienberg Füssen · Parkplatz Tiroler Straße 23 · 87629 Füssen · Tel. 0 83 62/9 38 50 · www.fuessen.de, Haltestelle: Bahnhof Füssen, Fußweg ca. 50 Min.

Vom Kalvarienberg hat man einen wunderschönen Blick auf Füssen.

Kräuter im Terrassengarten des Hohen Schlosses

Ein Garten fürs Schloss

Zu einem richtigen Schloss gehört ja normalerweise auch ein Garten. Nur im Hohen Schloss Füssen war das wohl anders, zumindest bis zum Jahr 1808. Da hatte ein Apotheker die Idee, einen Terrassengarten für seine Kräuter anzulegen und kaufte einen Teil des steilen Hangs am Schloss.

Lange Jahre lag dieser im Dornröschenschlaf, die Mauern waren eingestürzt, alles war überwuchert und die Treppe nur noch mit viel Vorstellungskraft zu erkennen. Es ist nicht viel geblieben von dem blühenden Kräutergarten, den Johann Schieder einst am Südhang angelegt hatte, und von all den Heil- und Gewürzkräutern, mit denen er so manches Zipperlein behandelt hatte.

Obwohl lange nach einem Hinweis für die Existenz eines Schlossgartens gesucht wurde, ließ sich leider kein historischer Beleg dafür finden. Zumindest scheint aber erwiesen, dass die Trockenmauern des Terrassengartens ungefähr aus dem Jahr 1500 stammen. Die Suche förderte auch zwei detaillierte Gemälde aus der Zeit um 1825 zutage. Diese zeigen den Terrassengarten des Apothekers Schieder, den er in den 1820iger-Jahren angelegt hatte und der in den 1930igern in Vergessenheit geriet.

▶ **Die Filialgalerie der Bayerischen Staatsgemäldesammlungen und die Städtische Galerie im Hohen Schloss**

Mit der Neuanlage dieses bis dahin ungepflegten Stückchens Erde wollte der Bürgermeister Füssens Besuchern der Stadt ein zusätzliches Highlight bieten. Wann kommt es schon einmal vor, dass ein Finanzamt, ein staatliches Bauamt und eine Stadtverwaltung zusammenarbeiten, um einen Garten zu sanieren? Nach der gemeinsamen Investition von 70 000 Euro war es tatsächlich geschafft. Der alte Terrassengarten blühte wieder auf. Seitdem kümmern sich die Mitglieder des Blumen- und Gartenbauvereins Füssen gemeinsam und mit Unterstützung der Stadtgärtnerei um die Pflege des Gartens. Von dort oben hat man auch einen einzigartigen Blick auf Füssen und das Umland.

Terrassengarten im Hohen Schloss Füssen · Magnusplatz 10 · 87629 Füssen · Tel. 0 83 62/90 31 46 · www.stadt-fuessen.de/hohesschloss.html · Haltestelle: Bahnhof Füssen, Fußweg ca. 5 Min.

Aussichtsplattform auf dem Baumkronenweg

Durch die Baumwipfel

Lust auf Natur pur? Auf faszinierende Einblicke in die Fauna und Flora des Waldes? Mitten im Walderlebniszentrum, genauer gesagt, darüber ist er zu finden, der Weg durch die Baumkronen. Er führt über eine Hängebrücke und bietet eine spektakuläre Aussicht auf die Flusslandschaft des Lechs!

Mitte 2013 wurde der 480 Meter lange Baumkronenweg im Walderlebniszentrum Ziegelwies eröffnet. Seitdem kann man hier alles über die unterschiedlichen Waldtypen wie den Auwald oder den Bergwald lernen.

Der Weg verläuft auf Höhe der Baumspitzen des Auwalds in 21 Metern Höhe. Von hier aus lässt sich die Schönheit der Natur des Lechtals einmal aus einer ganz anderen Perspektive bewundern. Wer im Anschluss Lust auf noch mehr Natur bekommen hat, kann im Walderlebniszentrum auf dem 1,5 Kilometer langen Auwaldpfad versuchen, einen Fluss auf verschiedene Arten zu überqueren, indem man sich entweder über das Wasser hangelt oder gleich selbst zum Fährmann wird. Eher etwas für Kinder ist der Bergwaldpfad mit dem Abenteuerspielplatz. Sogar Vierbeiner dürfen mit, allerdings nur an der Leine. Im Ausstellungsgebäude des

▶ **Die Runensteine in der Nähe vom Lechfall zählen zu den mystischen Plätzen im Allgäu und liegen ganz in der Nähe.**

Walderlebniszentrums gibt es unter anderem eine Dauerausstellung über den Bergwald, die Funktion des Waldes und die Waldarbeit sowie ständig wechselnde Ausstellungen. Auch den kleinen Gästen wird's hier nicht langweilig, denn bei Duftorgeln oder Tastboxen kann jeder Besucher rätseln, was sich dahinter verbirgt. Eine kleine Kinderecke zum Malen und Spielen gibt's natürlich auch, und sogar im Winter können Kindergeburtstage mit Schatzsuche und Lagerfeuer hier gefeiert werden. Vom Ausstellungsgebäude kann man jederzeit wieder auf alle Erlebnispfade zurückkehren. Der Wald zwischen den Steilhängen des Allgäuer Bergwaldes und dem Lech kann schon seit 2002 erkundet werden.

Baumkronenweg · Walderlebniszentrum Ziegelwies · Mai–Okt. tgl. 10–17 Uhr, April–Nov. auf Anfrage · Tiroler Straße 10 · 87629 Füssen · Tel. 0 83 62/9 38 75 59 · www.baumkronenweg.eu · Haltestelle: Bahnhof Füssen, Fußweg ca. 15 Min.

Frische Lebensmittel und leckere Snacks

Wenn sich der kleine Hunger meldet, ist das ein kulinarischer Geheimtipp. Im Gewölbe des alten Feuerwehrhauses gibt es nämlich alles, was der Bauch begehrt. Wo anfangen und wo aufhören, am besten probiert man sie alle, die Köstlichkeiten. In der Mittagszeit ist hier recht viel los. Guten Appetit!

In der Markthalle in Füssen kommen die Menschen schon seit Langem zusammen, um zu essen und zu trinken. Am Schrannenplatz traf man sich nämlich schon im Mittelalter, denn das 1483 im spätgotischen Stil erbaute Kornhaus diente damals, wenn kein Markt war, als Getreidelager. Zwischenzeitlich wurde es auch als Feuerwehrhaus genutzt, doch 1998 eröffnete in den Gewölben des Erdgeschosses diese wunderbare Markthalle. Die Lage, mitten in der Altstadt mit all den engen Gassen, war für die großen Feuerwehrautos denkbar ungünstig, und nachdem die Einsatzfahrzeuge immer mehr Mobiliar der örtlichen Cafés platt gefahren hatten, zeigte sich die Feuerwehr schließlich einsichtig und zog um. Seitdem kann hier nach Herzenslust probiert, eingekauft und gemütlich eingekehrt werden. Vor allem samstags ist die Halle ein beliebter Treffpunkt für Touristen und Einheimische. Hier werden internationale Leckereien und Spezialitäten aus dem Allgäu angeboten, vom Biobrot über frischen Fisch bis zu orientalischen Köstlichkeiten und speziellen Weinen.

Allgäuer Honig, Wurst- und Käsespezialitäten oder kleine Snacks wie Weißwurst und Wurstsalat gibt's im »Gschmacksach«, dem Feinkoststand von Familie Ullmann. Die »Fischhandlung Geiger« bietet eine reichhaltige Auswahl an frischem Fisch, und bei »Feinkost Gökbayrak« sind türkische und griechische Leckereien, sowie Wein und Tee zu finden. Wer Früchte aus aller Welt, Gemüse und Kräuter aus regionalem Anbau oder frische Bio-Produkte sucht, ist in der »Fruchtoase Kara« richtig. Einen leckeren Espresso nach all der Schlemmerei kann man anschließend in der »Espresso-Pils-Bar-Ludwig« trinken. Viel Vergnügen!

Markthalle Füssen · Mo–Fr 8–20 Uhr, Sa 8–15 Uhr · Schrannengasse 12 · 87629 Füssen · Tel. 0 83 62/9 38 50 · www.fuessen.de/kultur-und-kulinarik/markthalle.html · Haltestelle: Bahnhof Füssen, Fußweg ca. 5 Min.

Reges Treiben in der Markthalle von Füssen

58

Violinen aus dem Allgäu

In ganz Europa gilt die Füssener Schule des Lauten- und Geigenbaus als die älteste ihrer Art. Der aus einer Kemptener Musikerfamilie stammende Achim Hofer folgt dieser Tradition und erlernte die hohe Kunst des Geigenbaus. Faszinierend, was aus einem Stück Holz werden kann!

Urkundlich erwähnt wurde der erste Lautenmacher in Füssen im Jahr 1436, wobei anzunehmen ist, dass bereits im 13. Jahrhundert Saiteninstrumente gebaut wurden. Viele Füssener Geigenbauer waren aber gezwungen, ihr Glück im Ausland zu suchen. Denn in der Zunftordnung der Lautenmacher aus dem Jahr 1562 war festgelegt, dass nur 20 Meister zur selben Zeit in Füssen arbeiten durften. Daher stammten alle bedeutenden Lautenmacher-Familien der Renaissance ursprünglich aus Füssen und dessen Umland. Doch auch nachdem Füssen im 17. und 18. Jahrhundert durch den Geigenbau wieder zu neuer Bedeutung gelangt war, verließen die Handwerker die Stadt und zogen in die großen Städte Europas. Sie wollten ihre Kunst an möglichst viele Schüler weitergeben. Mit dem Geigenbauer Achim Hofer und zwei weiteren Kollegen sowie einem Zupfinstrumentenmacher-Meister hat sich das Handwerk heute wieder in Füssen angesiedelt.

Der 1963 geborene Achim Hofer folgte der Tradition und fand seine Liebe zum Geigenbau 1983. Damals begann er eine Ausbildung bei Matthias Klotz in Mittenwald, einem direkten Nachfahren der berühmten alten Geigenbauerfamilie Klotz. In den folgenden Jahren konnte er seine Fertigkeiten in der hohen Kunst des Geigenbaus und der perfekten Restaurierung bei namhaften Geigenbauern in Deutschland, England und den USA optimieren. Im Jahr 1992 gründete er seine Werkstatt in Füssen, 1993 eröffnete er sein Ladengeschäft und 2000 eine Filiale in München. Mit seinem handwerklichen Können und dem Willen zur Perfektion baut er seitdem Instrumente, die in Harmonie und Ästhetik einzigartig sind. Seine Spezialität ist aber die Restaurierung alter Instrumente.

Achim Hofer Geigenbau · Brotmarkt 6 · 87629 Füssen · Tel. 0 83 62/3 97 93 · www.hofer-violins.de · Haltestelle: Bahnhof Füssen, Fußweg ca. 5 Min.

Die Werkstatt des Geigenbauers Achim Hofer ist kaum zu übersehen.

59

Moderne Kunst und Architektur im Künstlerhaus

In einem außergewöhnlichen Gebäude ist ein modernes Museum untergebracht, das sich ganz der zeitgenössischen Kunst verschrieben hat. Doch hier wird Kunst nicht nur ausgestellt, in dem modernen Klinkerbau wird sie auch hergestellt. Denn das Haus beherbergt auch eine eigene Kunstwerkstatt.

Da unter anderem für die eindrucksvolle Kunstsammlung der Kunst- und Kulturstiftung Dr. Geiger-Haus Ausstellungsräume benötigt wurden, wurde das Künstlerhaus erbaut und im Jahr 2001 eröffnet. Die inzwischen jährlich stattfindende »Ostallgäuer Kunstausstellung« veranstaltete die Stadt 1978 zum ersten Mal, aber seit 2006 präsentieren auch Kunstschaffende aus der Region ihre Arbeiten im Künstlerhaus. Durch Ankäufe baut die Stadt Marktoberdorf seitdem ihre Sammlung zeitgenössischer, schwäbischer Kunst stetig aus. Mittlerweile umfasst sie über 250 Gemälde, Zeichnungen, Fotografien und Plastiken. Die Arbeiten, die nicht gezeigt werden, lagern im Untergeschoss im 50 Quadratmeter großen hauseigenen Museumsdepot unter musealen Bedingungen bei gleichbleibendem Klima.

Marktoberdorf ist eine junge Stadt in ländlicher Umgebung. Vielleicht ist das ein Grund dafür, dass kaum ein Bauprojekt in den vergangenen Jahren für so viel Gesprächsstoff gesorgt hat wie das Künstlerhaus. Fast wie eine Festung steht er da, der kubische Bau im Zentrum der Stadt. Aber nicht, um abzuwehren, sondern um einzuladen. Eine Kunstoffensive mit der Absicht, Kunst zu schaffen, zu zeigen und zu betrachten.

Den Auftrag für den Bau des Gebäudes erhielt das Schweizer Architektenteam Andrea Deplazes und Valentin Bearth, die nicht nur einen bloßen Ausstellungsort schaffen wollten, sondern Kunst sollte hier auch entstehen. »Der werkstättliche Charakter des Künstlerhauses mit Sichtmauerwerk auch im Inneren bringt die Idee der lebendigen Galerie zum Ausdruck, deren Anliegen für einmal nicht der über alles gestellte, neutrale Raum sein will.«

Künstlerhaus Marktoberdorf · Di, Mi–Fr 15–18 Uhr, Sa, So, Feiertag 14–18 Uhr · Kemptener Straße 5 · 87616 Marktoberdorf · Tel. 0 83 42/91 83 37 · www.kuenstlerhaus-marktoberdorf.de · Haltestelle: Bahnhof Marktoberdorf, Fußweg ca. 3 Min.

Architektonisch interessant: das Künstlerhaus Marktoberdorf

EISENBAHN
MUSEUM & LADEN
MARKTOBERDORF-ALLGÄU
MINERALIEN

FÜR SIE GEÖFFNET
DI - FR [ ] - [ ] / 14⁰⁰ 18 UHR
SA + SO 10 - 17 UHR
SONNTAGS NUR MUSEUM   GEÖFFNET
MONTAGS GESCHLOSSEN

MARKTOBERDORF

Sogar echte Bahnwaggons gibt es hier.

60

Schaffner im Allgäu

Hier werden Kinderträume wahr! Welcher Junge (oder Alte) hat nicht schon einmal davon geträumt, Lokführer zu werden, wenn auch nur von einer Modelleisenbahn. Ein renovierter Jugendstilbau, eine Bahnanlage aus den Fünfzigern, nahezu alle Märklin-H0-Modelle und verschiedene Themenvitrinen warten auf Besuch!

Im Allgäu gibt es mittlerweile viele Modellbahn-Clubs und -Fans. In Marktoberdorf werden Modell-Eisenbahnen sogar in einem eigenen Museum gezeigt, das gleichzeitig über die Geschichte der Modellbahn informiert. Neben Lokomotiven und Modellautos gibt es im Eisenbahnmuseum noch etliche weitere Raritäten zu sehen. Mit alter oder neuer Technik und thematisch aufeinander abgestimmt fährt man auf unterschiedlich gestalteten Modellbahnanlagen zurück in längst vergangene Zeiten. Eine seltene Bahnanlage im Stil der Fünfziger- bis Sechzigerjahre darf natürlich auch nicht fehlen und ist das Highlight der Ausstellung.

In den Räumen des Eisenbahnmuseums können interessierte Besucher aber nicht nur Züge und Bahnen ab dem Jahr 1920, sondern in passend dekorierten Vitrinen oder in den zahlreichen beleuchteten Schaukästen auch kleine und große Kostbarkeiten bewundern. Damit nicht genug, ist nebenbei noch eine kleine Sammlung wunderschöner Mineralien zu entdecken.

▶ **Die Miniwelt Oberstaufen ist eine weitere interessante Adresse für Modelleisenbahnfans! www.miniwelt-allgaeu.de**

Aber nicht nur die Räume sind einladend, das ganze Haus ist sehenswert. Nach jahrelanger, liebevoller Renovierung erstrahlt es wieder in neuem Glanz und lädt zum Besuch ins Museum ein. Lassen Sie sich verzaubern von der Faszination der Eisenbahn! Im angeschlossenen Museumsladen werden auch Raritäten aller großen Modelleisenbahn-Marken angeboten, aber auch Mineralien, Heil- und Edelsteine. Der Inhaber ist sehr freundlich und sachkundig, und selbst bei Frau war ein Lächeln zu entdecken.

Eisenbahnmuseum Allgäu · Di–Fr 14.30–18 Uhr, Sa, So 10–12, 14–17 Uhr · Im Hörtnagel 2 · 87616 Marktoberdorf-Thalhofen · Tel. 0 83 42/91 61 60 · www.eisenbahn-museum-allgaeu.de · Haltestelle: Bahnhof Marktoberdorf, Fußweg ca. 5 Min.

Wunderschön liegt der Panorama-Gasthof auf dem Auerberg.
Die Kirche mit der Aussichtsplattform auf dem Dach

Panorama-Gasthof auf dem Auerberg

61

Biker wird es freuen, auf dem Weg nach oben folgt eine enge Kurve der nächsten! Dass der Gasthof renoviert wurde, ist toll, aber eigentlich ist der Weg das Ziel. Den phänomenalen Rundblick auf die Bergwelt gibt's als Zugabe, zumindest, wenn das Wetter mitspielt, ist aber immer einen Ausflug wert!

Kein Wunder, der Panorama-Gasthof liegt ja auch 1055 Meter hoch. Im Jahr 2008 modernisiert, ist daraus ein gemütliches Gasthaus mit individueller Einrichtung, neun Zimmern, zwei Suiten und einem Restaurant mit Wintergarten geworden. Besonders die Panoramaterrasse wartet auf Besuch.

Der Gasthof ist ein Traum für Biker und sportlich ambitionierte Radler, denn die ersten 19 engen Kurven warten direkt vor der Haustür. Hier gibt es sie nämlich noch, die kleinen Sträßchen, auf denen zu fahren noch richtig Spaß macht! Aber Vorsicht, nicht übertreiben, sonst wird's teuer, vor allem bei Touren ins benachbarte Ausland!

Direkt am Gasthof beginnt eine etwa 250 Kilometer lange Bodensee-Tour. Auf verkehrsarmen Wegen geht's zuerst über Kempten nach Isny. Danach über Lindenberg und auf der Deutschen Alpenstraße nach Lindau, bekannt für die Altstadt, den Hafen und die zahlreichen Cafés. Nach einem schönen Tag in der Stadt führt die Tour wieder zurück auf der Deutschen Alpenstraße. Diesmal geht's aber erst einmal weiter bis Immenstadt und von dort aus auf kleinen, schönen Straßen über Rettenberg nach Wertach, Seeg, Roßhaupten und zurück zum Startpunkt, dem Auerberg.

Aber auch direkt neben dem Gasthof gibt es etwas zu entdecken. In der St.-Georg-Kirche kann man einen Blick in vergangene Zeiten werfen, denn sie birgt Kunstwerke wie die große frühbarocke Holzplastik des heiligen Georg im Kampf mit dem Drachen. Wer zusätzlich den traumhaften Blick von der Aussichtsplattform auf dem Kirchturm genießen möchte, muss zuerst etwas körperlichen Einsatz bringen. Denn der Aufstieg über die ächzende Holztreppe hat's in sich.

Panorama-Gasthof auf dem Auerberg · während der Saison tgl. ab 10 Uhr · Auerberg 2 · 86975 Bernbeuren · Tel. 0 88 60/2 35 · www.auerberghotel.de · am besten mit dem Auto

Heute finden in der Villa Jauss in Oberstdorf Ausstellungen statt.

Italienisches Flair nördlich der Alpen

Die italienische Architektur stand Ende des 19. Jahrhunderts auch im Allgäu für Kultur, und so baute sich der Brauereibesitzer Melchior Jauss 1895 sein Traumhaus im toskanischen Stil in den Fuggerpark von Oberstdorf. Die Villa dient heute als Ausstellungs- und Veranstaltungsraum mit ganz besonderem Ambiente.

Thea Jauss, die Tochter des Braumeisters Melchior Jauss, berichtet, dass ihr Vater Südtiroler Häuser liebte. Sie gefielen ihm sogar so gut, dass er sich ein geschindeltes Holzhaus im Stil einer toskanischen Villa bauen ließ, obwohl der Bauplatz nördlich der Alpen lag. Die Villa wurde in Blockbauweise auf einem Fundament aus Naturstein errichtet und mit Holzschindeln verkleidet. Der quadratische Grundriss verleiht dem Gebäude ein herrschaftliches Aussehen, standesgemäß und wie in der Gründerzeit üblich. Im Jahr 1961 erwarb die Gemeinde Oberstdorf das Anwesen samt dem 6800 Quadratmeter großen Grundstück. Als in den Neunzigerjahren die Mieter auszogen, stand das Haus erst einmal leer. Ab 1994 hat der Kindergartenförderverein im Obergeschoss erste Kunstausstellungen organisiert. Zwei Jahre später veranstaltete die »Initiative Jauss« zum ersten Mal eine Ausstellung und mehrere Malkurse. Schließlich wurde im Jahr 1997 der Verein »Initiative Villa Jauss« gegründet. Ziel war es, das Haus für kulturelle Zwecke auszubauen und zu nutzen. So wurde aus dem denkmalgeschützten Kleinod das Kunsthaus »Villa Jauss«, ein idealer Treffpunkt für Bildende Kunst, Architektur, Fotografie, Video, Musik und Literatur mitten in Oberstdorf.

Heute dient es darüber hinaus als Veranstaltungsraum für Künstlervorträge, literarische Lesungen und Konzerte. Mehrere Sonderausstellungen von Künstlern wie Delacroix, Daumier und Corot oder eine Auswahl von Originalgrafiken der Großmeister Picasso, Braque und Matisse wurden im »Kleinen Museum des 20. Jahrhunderts« bisher schon gezeigt. Die Villa ist schön gelegen, bietet interessante Architektur, wechselnde Ausstellungen und Veranstaltungen und lohnt in jedem Fall einen Besuch.

Villa Jauss · Öffnungszeiten variieren je nach Ausstellung · Fuggerstraße 7 · 87561 Oberstdorf · Tel. 0 83 22/94 02 66 · www.villa-jauss.de · Haltestelle: Bahnhof Oberstdorf, Fußweg 15 Min.

Ein Tandemflug ist ein unvergessliches Erlebnis.

Der Traum vom Fliegen

Wer hat nicht schon einmal davon geträumt? Frei wie ein Vogel durch die Luft zu schweben und die Welt aus einer ganz anderen Perspektive zu sehen. Nach dem Start schwebt man fast lautlos dahin, einfach traumhaft. Geflogen ist ja fast schon jeder irgendwann einmal, aber so…

Stell dir vor, du fliegst einfach Richtung Horizont, frei von allen Gedanken und nur, um diesen Moment zu genießen. »vogelfrei« ermöglicht dir genau das. Ein unvergessliches Erlebnis, im Sommer wie im Winter, um die überwältigende Bergwelt des Allgäus zu entdecken. Mitfliegen kann jeder zwischen 10 und 100 Jahren und 25 und 100 Kilogramm. Mit den freundlichen Piloten wird ein Tandemflug über diese atemberaubende Kulisse der Allgäuer Alpen zum reinsten Vergnügen.

Man startet auf dem Gipfel des Nebelhorns, von dem aus man einen grandiosen 360-Grad-Blick auf rund 400 Berggipfel hat. Die hervorragenden Flugmöglichkeiten, die sich von hier oben auf den verschiedenen Startbahnen bieten, sind das Adrenalin im Blut beim Start allemal wert.

Da das »vogelfrei«-Team aus mehreren Piloten besteht, kann man einen Tandemflug auch gemeinsam unternehmen. Aber Vorsicht, Tandemfliegen macht einen Riesenspaß und vor allem süchtig! Für Leute mit Höhenangst ist es aber nicht unbedingt das Richtige. Die Ausrüstung, stabiles Schuhwerk, ein Overall, Helm und Handschuhe, wird übrigens kostenlos gestellt. Wirklich genial ist auch der Fotoservice, den man dazu buchen kann. Direkt nach der Landung bekommt man einen USB-Stick mit Fotos und Videoclips vom eigenen Flug. So kann man ihn zu Hause noch einmal erleben.

Alle »vogelfrei«-Tandempiloten sind durch den deutschen »Hängegleiter Verband« lizenziert. Sie haben die erforderlichen Versicherungen, sind sehr sympathisch und bringen Erfahrung mit dem Element Luft mit. Um andere an diesem unvergesslichen Erlebnis teilhaben zu lassen, kann man den Traum vom Fliegen auch verschenken!

vogelfrei Gleitschirm Tandemflüge · Reichenbach 10 · 87561 Oberstdorf · Tel. 01 76/84 29 89 31 · www.vogelfrei.de · Haltestelle: Bahnhof Oberstdorf, Fußweg zur Nebelhornbahn-Talstation ca. 15 Min.

Fantasievoll: das Igludorf auf dem Nebelhorn
Der Eingang zu einem »Doppelzimmer«

64

Eine Nacht im Schnee

Wer Schnee mag und gern an ungewöhnlichen Plätzen übernachtet, wird Ende Dezember auf dem Nebelhorn fündig. Denn schon seit 2003 werden hier Iglus in der klassischen Blockbauweise gebaut, und wer Glück hat, kann sogar beim Bauen helfen. Eine Übernachtung im Iglu-Hotel ist in jedem Fall ein ganz besonderes Erlebnis.

Die ersten großen Iglu-Events im Winter 2008/09 kamen so gut an, dass spontan die Idee entstand, eine Iglu-Lodge ins Leben zu rufen. Eine Mischung aus Wohlfühlatmosphäre und Exklusivität sollte sie bieten und ein spezielles Abenteuer in der freien Natur werden. Der erste Entwurf zum Bau auf dem Skigebiet des Nebelhorns lag schließlich im Jahr 2009 auf dem Tisch. Schon im Oktober desselben Jahres wurde die IgluLodge gegründet und mit den Arbeiten begonnen. Pünktlich zum Jahresende wurde sie dann im Rahmen einer ausgebuchten Silvesterfeier eröffnet. Seit 2010 stehen die Iglus jedes Jahr unter einem anderen Motto und sind entsprechend kunstvoll verziert.

Wer jetzt neugierig geworden ist, sollte aber auf jeden Fall rechtzeitig buchen, denn die wenigen Iglus sind jedes Jahr schnell vergeben. Oben angekommen, wird man von einem Iglu-Guide im Bergrestaurant Höfatsblick abgeholt. Nach 200 Metern Fußmarsch folgt eine kurze Einführung, und bei leckerem Glühwein werden die verschiedenen Einrichtungen der Lodge vorgestellt. Im Anschluss bezieht man dann sein Iglu und kann den atemberaubenden Blick und den Sonnenuntergang über den Allgäuer Alpen genießen. Am Abend gibt's zum gemeinsamen Abendessen ein, was sonst, ein typisches Allgäuer Käsefondue. Danach ein heißes Bad im Whirlpool gefällig? Der Sternenhimmel ist umsonst. So steht einem gemütlichen Abend mit Glühwein und Tee nichts mehr im Weg. Am nächsten Morgen gibt es zum Wachwerden erst einmal einen warmen Tee im Schlafsack und ab 9 Uhr dann Frühstück im Bergrestaurant Höfatsblick. Wer möchte, kann auf Wunsch den Heimweg per Fallschirm antreten.

IgluLodge · Allgäu Events GmbH & Co. KG · jährlich 28. Dez.–März/April · Samuel-Bachmann-Straße 1 · 87527 Sonthofen · Tel. 08321/800300 · www.iglu-lodge.de ·Haltestelle: Bahnhof Oberstdorf, Fußweg zur Nebelhornbahn-Talstation ca. 15 Min.

Für die Nacht in der Natur wird eine Hütte gebaut.

Zurück zur Natur

Um Menschen und um die Erde, um die Natur und die Fähigkeit, in Einklang mit ihr zu leben, darum geht es in der ganzheitlichen Wildnisschule in Tiefenbach. Das hört sich zwar etwas esoterisch an, aber mit Spinnerei hat es wirklich nichts zu tun. Ganz im Gegenteil, es kann dabei viel gelernt werden.

Wir leben in einer Zeit, in der sich viele weit von einem Leben als Teil der Erde entfernt haben. Die Wildnisschule will das ändern und diese Verbindung wieder herstellen. Seit 2005 zeigen Stefan und Heike Koch Möglichkeiten auf, um sich wieder selbst als Teil der natürlichen Welt zu erfahren. Dabei werden Techniken vermittelt, mit denen man sich in der freien Natur zurecht, findet und das Wesen der Natur besser versteht. Dafür werden sowohl altes Wissen, handwerkliche Techniken und Sichtweisen von Ur- und Naturvölkern angewendet als auch zukunftsfähige Lösungen erörtert. Die Schule stellt auf diese Weise eine Art Erfahrungsraum dar und bietet die Möglichkeit, wieder ein vollständiger, gesunder und glücklicher Mensch zu werden. Der Weg dahin führt über Erfahrungen, die in der Natur gemacht werden. Diese Verbindung ist essentiell, um sein eigenes Potenzial auszuloten.

Denn je weiter sich der Mensch von seinen Wurzeln, der Realität und der Natur entfernt, desto größer werden die Probleme. Die Lösung scheint offensichtlich, ist aber für viele schwierig umzusetzen. Eigentlich geht es ja nur darum, sich wieder mit der natürlichen Welt zu verbinden, um in eine herzliche und gefühlte Beziehung mit den Pflanzen, Bäumen und Tieren zu treten. Unsere Großeltern haben ihren Speiseplan mit Selbstgesammeltem aus der Natur erweitert. Aber heute verbringen manche Kinder meist nur noch wenig Zeit im Freien. Und die Konsequenzen? Einerseits das immer dominantere Leben in einer virtuellen, sekundären, scheinbar von der Natur gelösten Realität der modernen Gesellschaft, auf der anderen Seite die Probleme der Gesellschaft wie Zivilisationskrankheiten, Umweltzerstörung und Kriege.

Wildnisschule Allgäu, Stefan & Heike Koch · Im Bachtel 14 · 87561 Oberstdorf-Tiefenbach · Tel. 0 83 22/9 87 99 06 · www.allgaeuscout.de · Haltestelle: Bahnhof Oberstdorf, Fußweg ca. 60 Min., besser mit dem Auto

Freizeit in der Arena

1910 wurde die erste Sprungschanze gebaut, aber noch ganz woanders. Inzwischen ist rund um die fünf Schanzen eine ganze Arena mit unzähligen Möglichkeiten zur Freizeitgestaltung entstanden, in der sommers wie winters auch verschiedene Veranstaltungen stattfinden.

Da sich eine sonnige Lage und Schnee nicht gut vertragen, entstand die neue Schanze 1925 am Fuß des Schattenbergs. In den Jahren 1930 und 1936 wurde sie sogar noch einmal vergrößert. Freiwillige Helfer haben die Schanze nach dem Krieg mit gestiftetem Holz wieder aufgebaut und gerade rechtzeitig zu Neujahr 1946 fertiggestellt, sodass ab da wieder gesprungen werden konnte. Nach zahlreichen Neu- und Umbauten zählt sie mit ihren fünf Schanzen seit Ende 2003 zu den modernsten Skisprung-Anlagen der Welt. Seit 2004 heißt sie »Erdinger Arena«.

Hier finden aber nicht nur die jährlichen Eröffnungsspringen der Vierschanzentournee statt, sondern auch Sprungwettbewerbe der FIS sowie im Sommer zahlreiche Veranstaltungen wie der »FIS Sommer Grand Prix« in der Nordischen Kombination, die »Schanzengaudi« und vieles mehr. Außerdem gibt es im Stadion zahlreiche Tagungsräume und ein außergewöhnliches Outdoor-Angebot wie den Skywalk-Kletterpark zwischen den beiden Großschanzen. Im Obergeschoss der Arena befindet sich das Skimuseum, das einen Einblick in die Geschichte des Wintersports gewährt und verschiedene Modelle der Oberstdorfer Wintersportanlagen zeigt. Über das Museum gelangt man zudem auf die Sonnenterrasse, auf der kleine Snacks und Getränke angeboten werden.

Jedes Jahr findet an vier Abenden eine interessante Nachtführung statt. Zuerst geht's auf den Turm der Großschanze und nach einem Glühwein und dem herrlichem Blick über das nächtliche Oberstdorf mit Fackeln in der Hand wieder nach unten. Aber damit nicht genug, im Sommer ist das Open-Air-Kino das Highlight zwischen den Schanzen.

Erdinger Arena · Sommer tgl. 10–18 Uhr, Winter tgl. 10–17 Uhr · Am Faltenbach 7 · 87561 Oberstdorf · Tel. 0 83 22/8 09 03 00 · www.erdinger-arena.de · Haltestelle: Bahnhof Oberstdorf, Fußweg ca. 15 Min.

Open-Air-Kino zwischen den Sprungschanzen

Ein Meer aus Stein

Der Hohe Ifen erinnert an den Tafelberg von Kapstadt. Das davor liegende Meer ist aber nicht mehr in Bewegung, sondern versteinert. Genau genommen handelt es sich um versteinerten Meeresboden, der aus dem Kalk seiner ehemaligen Bewohner besteht und durch Witterungseinflüsse zu diesem Kunstwerk verwandelt wurde.

Wer auf den Gottesacker möchte, sollte über festes Schuhwerk und etwas Kondition verfügen. Und Lust auf Bergwandern schadet sicher auch nicht. Diejenigen, die fit sind, marschieren in etwa 2 bis 2,5 Stunden vom Parkplatz der Talstation der Ifenbahn hinauf zum Gipfel. Ist man nicht ganz so gut trainiert, kann man mit dem Sessellift zur Mittelstation fahren, um dann die restliche Strecke in circa 1 bis 1,5 Stunden zu Fuß zu bewältigen. Während der Sommermonate ist nämlich der Schlepplift zum Gipfel außer Betrieb.

Oben angekommen, sind die Strapazen aber schnell vergessen, der Anblick ist einfach fantastisch. Das etwa zwei mal vier Kilometer große Areal strahlt hell in der Sonne. Durchzogen von unzähligen erodierten Furchen und Spalten, sieht es unwirklich aus und erinnert in der Tat an ein versteinertes Meer. Die Kalksteinflächen sind auch der Überrest eines 120 Millionen Jahre alten Korallenriffs, in Jahrmillionen ausgewaschen und durchlöchert von Regenfällen und Erosion.

▶ Der Lagerplatz aus der Steinzeit unterhalb des Gottesackerplateaus wird nach einem etwa zweistündigen Fußmarsch erreicht.

In den Felsspalten sind im Laufe der Jahre schon einige Menschen verschwunden, daher hat das Plateau auch seinen Namen – Gottesacker – die alte Bezeichnung für einen Friedhof. Es sollte nur bei gutem trockenem Wetter und klarer Sicht begangen werden, und man muss auf den markierten Wegen bleiben. Wer sich an diese Regeln hält, gelangt, bevor die Dämmerung einsetzt, sicher zurück in die Zivilisation. Und wenn man das Gipfelkreuz des Hohen Ifen erklimmt, öffnet sich ein unvergessliches Panorama.

Ifenbahn · Auenalpe 4 · A-6992/D-87568 Hirschegg · Tel. 07 00/55 53 38 88 · www.das-hoechste.com · am besten mit dem Auto

Wie ein steinernes Meer: das Gottesackerplateau

Versteckt auf einem Hügel hinter einem Bauernhof: die Kapelle St. Nikolaus

Die älteste Kapelle
des Allgäus

68

Überall im Allgäu sind sie zu finden: Wegkapellen, Votivkapellen und Privatkapellen. Etwas versteckt gelegen, oberhalb eines historischen Burgstalls mit Wallanlage, ist schon der Standort dieser Filialkapelle etwas ganz Besonderes. Sie gilt nämlich als älteste romanische Kirche des Allgäus.

Wer in Emmereis in der Nähe von Rettenberg vorbeikommt, sollte sich auf jeden Fall St. Nikolaus etwas genauer anschauen. Die kleine Kirche aus großen Roll- und Bruchsteinen ist in der zweiten Hälfte des 12. Jahrhunderts in der Nähe eines Burgstalls zu Ehren des Patrons der Seefahrer und Wanderer entstanden. Ausgeschmückt wurde sie mit frühgotischen Fresken aus dem Leben des Heiligen Nikolaus. Gebaut hat sie vermutlich der »Schwarze Ritter« von Emmereis, der sich auch in einem Fresko am rechten Chorbogen verewigt hat. Im Inneren der Kapelle befinden sich zahlreiche Fresken aus dem 12. und 13. Jahrhundert, unter anderem Szenen aus dem Leben des Heiligen Nikolaus und eine Darstellung des Christophorus an der Nordwand.

1724–1725 wurde die Kapelle barockisiert und mit einer »welschen Haube« versehen. Aus der gotischen Epoche stammen noch zwei Figuren aus der Schule des Ivo Strigel. Luft- und Lichtscharten unter der Traufe, ein verbauter Südeingang und ein ebenfalls zugemauertes Apisfenster im Süden sind noch erkennbare Außenöffnungen aus der Erbauungszeit. Sämtliche anderen Öffnungen sind wohl Relikte von Renovierungen aus der Zeit der Gotik und des Barock.

Die Bausünden der letzten 500 Jahre wurden glücklicherweise in den Siebzigerjahren des vorigen Jahrhunderts zugunsten des originalen Innenraums wieder etwas zurückgenommen. Es lohnt sich, die Kapelle zu besuchen, schon ihres außergewöhnlichen Standorts wegen. Aber interessierte Besucher sollten berücksichtigen, dass die Kapelle nur an Wochenenden, samstags und sonntags geöffnet ist.

Kapelle St. Nikolaus · Sa, So geöffnet · Emmereis · 87549 Rettenberg · Tel. 0 83 27/9 20 40 · www.rettenberg.de · Haltestelle: Bahnhof Immenstadt, Bus bis Emmereis, Fußweg ca. 5 Min.

Der herrliche Blick vom Aussichtsturm

Alpkönigblick

Wenige Orte im Allgäu bieten ein solch unbeschreiblich schönes 360-Grad-Panorama, das vom Säntis in der Schweiz bis zur Zugspitze in den Ostalpen reicht. Hat man erst einmal den Aussichtsturm auf 1250 Metern bestiegen, liegt einem das ganze Allgäu zu Füßen. Ein Anblick für Genießer!

Von hier oben erschließt sich einem erst die landschaftliche Vielfalt des Allgäus. Vom Illertal, dem Blender oder dem Weitnauer Tal über die Adelegg bis ins Westallgäu sieht man grüne Wiesen, Berge und Seen. Etwas unterhalb führt der Weg dann in Kling's Hütte. Nach dem Aufstieg zum Turm und diesen gewaltigen Eindrücken ist jetzt vielleicht die richtige Zeit für eine zünftige Brotzeit gekommen. Aber auch Kaffee und Kuchen gibt's hier, zumindest von Mai bis Oktober am Wochenende und feiertags.

Aber zuerst heißt es wandern, denn viele Wege führen hinauf zum Alpkönigblick! Diese kann man sehr gut kombinieren, sodass man für den Hin- und Rückweg nicht denselben nehmen muss. Wer auf die Wegweiser achtet, kann sich auch nicht verlaufen, und bei entsprechendem Wandertempo stimmen sogar die Zeitangaben.

▶ **Das Allgäuer Bergbauernmuseum gewährt Einblicke in die Arbeit und das Leben der Allgäuer Bergbauern. www.bergbauernmuseum.de**

Familien mit Kindern sollten natürlich etwas mehr Zeit einplanen. Der kürzeste Weg führt in etwa einer Stunde über mehrere Alpenwiesen hinauf.

Vom »Börlas«-Parkplatz nahe der Schmiede geht's vorbei an der Kapelle und entweder direkt über den Hauchenberg oder mit einem kleinen Umweg über die »Schwabenberg«-Alpe zum Alpkönigblick. Es gibt aber noch viele weitere Wege hinauf. Egal, ob man sportlich ambitioniert ist oder eher die schöne Aussicht schätzt, ob man es lieber sonnig mag oder als Gesteinskenner unterwegs ist, es ist für jeden das Richtige dabei. Es spielt dabei keine Rolle, WIE man hinaufkommt, spätestens WENN man oben angekommen ist, weiß man, woher der Aussichtsturm seinen Namen hat.

Alpkönigblick · Tourismusbüro · Mo–Fr 8–12 Uhr, Sa 10–12 Uhr · Hauptstraße 45 · 87547 Missen · Tel. 08320/456 · www.missen-wilhams.de · Haltestelle: Bahnhof Immenstadt, Fußweg ca. 3 Std. (11,5 km)

Im Kräutergarten
»Artemisia«

Was haben die griechische Göttin, der Gemeine Beifuß und dieser Garten gemeinsam? Den Namen! Benannt nach der Göttin Artemis, der Heil und Leben spendenden Erdenmutter, gilt der Beifuß seit jeher als heilig und soll das Himmlische mit dem Irdischen verbinden. Diese Gartenanlage leistet dazu einen beeindruckenden Beitrag!

Als der gelernte Landwirt Tilmann Schlosser vor Jahren seinen Freunden und Bekannten von der Idee erzählte, einen Kräutergarten anzulegen, stieß er zunächst nur auf Unverständnis. Der erbärmliche Zustand des Hofes, den er sich dafür ausgesucht hatte, schien auch nicht für den Erfolg zu sprechen. Aber Tilmann Schlosser hielt an seinem Vorhaben fest, und seine Hartnäckigkeit hat sich gelohnt. Er hat mit dem »Artemisia Kräutergarten« ein Kräuterparadies geschaffen, das seinesgleichen sucht. Von Kerbel über Majoran und Ringelblume bis hin zu den unterschiedlichsten Minzarten wächst hier einfach alles. 300 verschiedene Kräuter-, Heil- und Gewürzpflanzen werden hier aufgezogen. Neben den mehr als 5000 Bäumen und Sträuchern ist der schöne alte Bauernhof der Mittelpunkt der Kräuterwelt. Mit seiner Teestube, dem Hofladen und nicht zuletzt durch verschiedene Seminare und Veranstaltungen ist er längst zu einer Institution geworden.

Es ist schon eine Ehre, von Schlosser persönlich durch seinen Garten geführt zu werden. Er erklärt, wofür welche Kräuter verwendet werden und warum ihm der Kräutergarten so viel bedeutet. Der Garten steht jedem offen, man kann fühlen, riechen und schmecken, so lange man möchte. »Die Leute sollen hier auf Entdeckungsreise gehen«, sagt Schlosser, der 2010 zudem das Studienzentrum »Heimathaus Weltengeist« eröffnet hat. Viele Bücher über Pflanzen und Kunst, die er über die Jahre aus der alten und neuen Welt zusammengetragen hat, können hier eingesehen werden. Darunter befinden sich auch viele Originale, die noch aus dem Mittelalter stammen (www.weltengeist.net).

Kräutergarten Artemisia · Mo, Di Ruhetag, Mi–So 12–18 Uhr · Hopfen 29 · 88167 Stiefenhofen · Tel. 0 83 86/96 05 10 (Büro), 0 83 86/96 15 30 (Teestube) · www.artemisia.de · Mit dem Auto: ca. 6,5 km nach Oberstaufen rechts abbiegen Richtung Hopfen/Bergkäserei

Die Gewächshäuser und ein Teil des Kräutergartens
Möglichkeiten zum Ausruhen gibt es hier viele.

Am Wächter des Allgäus

Am Fuße des Grünten befindet sich nicht nur eine Erlebniswelt. Auf den geführten Rundwanderungen durch die Erzgruben, die durch hügeliges Gelände zum »Andreas-Tagebau« sowie zu den beiden Erzgruben »Theresien-Grube« und »Anna-Grube« führen, kann man auch die faszinierende Welt unter Tage entdecken.

Aus den ehemaligen Erzgruben tief im Grünten ist ein Museum geworden. Dafür wurden ein Tagebau sowie zwei Stollen restauriert. Die geführte Rundwanderung durch die Erzgruben beginnt am Museumsdorf und dauert etwa zwei Stunden. Im Anschluss daran sollte man dann das Museumsdorf besichtigen, mit dem die Gemeinde Burgberg der alten Tradition des Bergbaus ein Denkmal gesetzt hat. Vom Kiosk führt ein Weg zum Museumshaus, das sich mit der Geologie der Allgäuer Alpen befasst.

Das Dorf selbst gewährt seinen Besuchern Einblick in die Entstehung des Eisenerzes vor Millionen von Jahren, in den historischen Bergbau und in die Verhüttung in den Hochöfen. In der Schauschmiede wurden sogar ein historischer Amboss, eine Esse und ein Luftschmiedehammer aus dem 19. Jahrhundert rekonstruiert. An bestimmten Tagen wird hier wie anno dazumal geschmiedet. Das ist besonders für Kinder ein Erlebnis, denn dann können sie sich, natürlich unter Aufsicht, ihren eigenen Glücksbringer in Form eines Hufeisens schmieden. Eine Geologiehütte führt in die Geschichte des Bergbaus am Grünten ein und informiert über die Geologie des Allgäus, aber auch über Versteinerungen, die hoch oben am Berg gefunden wurden, wie Fossilien, Haifischzähne, Seesterne und viele andere. Außerdem werden Filme zum historischen Bergbau gezeigt.

Der »Knappenhock« mit seiner Sonnenterrasse lädt anschließend zu einer Pause ein. Kinder können auf der »Erzgruben-Rallye« im Museumsdorf auf Erkundungstour gehen oder sich auf dem Spielplatz vergnügen.

Das Museumsdorf liegt hoch über dem Burgberg und kann entweder zu Fuß oder mit dem »Erzgrubenbähnle« erreicht werden.

Erzgruben-Erlebniswelt am Grünten · Mai–Okt. 10.30–17 Uhr · Grüntenstraße 2 · 87545 Burgberg · Tel. 0 83 21/7 88 46 46 · www.erzgruben.de · Haltestelle: Bahnhof Sonthofen, Bus bis zum Grünten, Fußweg 10 Min.

Die Schauschmiede in der Erlebniswelt

Die Herberge des Outdoor-Zentrums

Sport und Spaß im Freien

Schonender Umgang mit der Natur, aber trotzdem Spaß und Action? Das geht, Outdoor-Fans wird eine Vielzahl von Aktivitäten zu Lande oder zu Wasser geboten. Es ist für alle und jede Jahreszeit etwas dabei, und man kann auch ohne Vorkenntnisse daran teilnehmen, etwas Kondition natürlich vorausgesetzt.

Aber zumindest eines ist klar, für alle Naturliebhaber ist das Outdoor-Zentrum am Rand der Allgäuer Alpen der ideale Ausgangspunkt, um Sport zu treiben. Von Rafting, Tubing, Canyoning und Wandern im Sommer bis zu Skifahren, Langlaufen oder Schneeschuhwandern im Winter. Wann und wo spielt keine Rolle, eine tolle Zeit ist garantiert. Dem Team vom Oberallgäuer Rafting & Erlebniszentrum kann man auf allen Wegen vertrauen, auch auf den abenteuerlichen. Und ein schonender Umgang mit der Natur steht dabei auch stets an erster Stelle. Denn sämtliche Aktivitäten werden von geprüften und erfahrenen Outdoortrainern und Guides geführt. Das Team besteht aus lauter Leuten, die den Sport und die Natur lieben. Ist es ihr Enthusiasmus oder die kompetente Betreuung, die eine Tour zum Erlebnis machen? Wahrscheinlich beides!

Denjenigen, die länger bleiben möchten, stehen die schlichten Zimmer des Outdoor-Zentrums zur Verfügung. Alle haben ein eigenes Bad mit Dusche und WC, teilweise sogar einen eigenen Balkon. Es gibt vier Einzelzimmer, sechs Doppelzimmer, zehn Vierbettzimmer sowie ein Achtbettzimmer für größere Gruppen. Daneben einen Gemeinschaftsraum mit Musikanlage und Tischtennisplatte sowie einen Aufenthaltsraum. Der angrenzende Eventstadel kann als Seminarraum genutzt werden und steht auf Anfrage zur Verfügung.

Wer das Allgäu auf eigene Faust erkunden möchte und nur einen Übernachtungsplatz sucht, dem bietet das Zentrum zudem die Möglichkeit, Ausflüge in der Umgebung zu unternehmen. Ausreichend Parkplätze sind rund um das Outdoor-Zentrum vorhanden.

Outdoor Zentrum Allgäu · An der Marienbrücke 2 · 87544 Bihlerdorf-Blaichach · Tel. 0 83 21/67 57 57 · www.raftingzentrum.de · Haltestelle: Bahnhof Blaichach, Fußweg ca. 5 Min.

Hier treffen sich die Allgäuer Bergindianer.

Bergindianer im Oberjoch

Gibt es tatsächlich Indianer im Allgäu? Zumindest in Oberjoch sind noch welche zu finden! Seit Kurzem haben die jungen Nachwuchsindianer sogar ein eigenes Reservat am Ortsrand mit Tipis, Bogenschießen, eigener Bergseilbahn und allem, was dazu gehört! »Ihr seid willkommen, Howgh!«

Wer sich schon immer einmal wie Winnetou fühlen wollte, bekommt auf einer geführten Tour mit den Allgäuer Bergindianern zumindest einen kleinen Eindruck vom Indianerleben. Auf diese Führung begeben sich begeisterte Kinder ab sechs Jahren, aber auch ganze Familien. Auf den Spuren der Bergindianer wird am Bach entlang geschlichen, vorbei an Totempfählen und verlassenen Indianertipis. Natürlich vom Adler begleitet, der hoch in der Luft seine Kreise zieht und verfolgt von den Trommeln der Krähen-Indianer. Vom Zaubertrank ermutigt und gestärkt ist der Balanceakt über den Baumsteg kein Problem, und die Inka-Seilbahn über den Silbersee führt geradewegs zum Goldschatz im geheimen Versteck hinter dem Wasserfall. Mit gefüllten Taschen voller Gold-Nuggets wird unter schrecklichem Schlachtgeschrei das schützende Indianerdorf erreicht, wo am Lagerfeuer mit Wurst in der Hand von den erlebten Heldentaten erzählt wird. Zudem wartet in der Bergwelt ein Parcours, der jede Menge Abenteuer verspricht. Denn hoch über Bad Hindelang wird über Felswände geklettert, über schaukelnde Brücken balanciert, und es werden Schluchten am Seil überquert. Für Spaß aber auch für die Sicherheit sorgen erfahrene Bergführer vom Hindelanger Bergführerbüro. Ein eindrucksvolles Erlebnis für Firmen, Vereine und natürlich für Schulklassen!

Gut für die Konzentration und ein gutes Training dafür, sich ein bestimmtes Ziel zu setzen, ist das traditionelle Bogenschießen für Jung und Alt. Es macht eben nicht nur riesigen Spaß, sondern es hilft auch, eine bewusste Entscheidung zu treffen, und die ganze innere Kraft darauf zu verwenden, seinen Geist und Körper unter Kontrolle zu halten.

Bergindianer · Thomas Heckelmiller · Passstraße 16 · 87541 Bad Hindelang · Tel. 0 83 24/73 99 · www.bergindianer.de · Haltestelle: Bahnhof Sonthofen, Bus bis Bad Hindelang-Oberjoch, Fußweg ca. 5 Min.

Das Hotel für Kinder

»Geht es den Kindern gut, geht es auch der Familie gut!« Das Konzept des Kinderhotels Oberjoch scheint aufzugehen! Denn für die lieben Kleinen, vom Baby bis zum »Pubertier«, wird hier viel geboten und alles für den perfekten Familienurlaub getan. So bleibt Zeit für die Eltern.

In Deutschlands höchst gelegenem Bergdorf, auf 1200 Metern Höhe, steht das kinderfreundliche Hotel Oberjoch mitten in den Allgäuer Alpen. Was aber kann man sich unter dem Begriff Kinderhotel vorstellen? Mehr als eine Mal- und Bastelecke oder ein Kinderspielplatz? Definitiv ja, denn das Baby- und Kinderhotel Oberjoch bietet nicht nur eine altersgerechte Kinderbetreuung, sondern auch viele weitere und spannende Beschäftigungsmöglichkeiten. Hier kümmern sich nämlich etwa 20 geschulte Mitarbeiter um das Wohl der Kids. Dem Alter angepasst, steht neben Entwicklungsförderung, Schwimmkursen und aufregenden Entdeckungstouren noch einiges mehr auf dem Programm. Um die Ferien so richtig genießen zu können, dürfen im Babyhotel Allgäu bereits Säuglinge ab dem 7. Lebenstag in die Obhut professionell geschulter Mitarbeiter und Mitarbeiterinnen gegeben werden. Während des gesamten Aufenthalts steht dann auch eine umfangreiche Ausstattung vom Stillkissen bis zum Buggy kostenlos zur Verfügung.

Aber auch für die Großen wird einiges geboten, denn wenn der Nachwuchs in guten Händen ist, sind die Eltern an der Reihe, es sich gut gehen zu lassen! Die wunderschöne Landschaft direkt vor der Haustür lädt zur Erkundungstour ein: Es warten ein gutes Buch oder eine ausgiebige Massage. Außerdem steht eine großzügige Pool- und Saunalandschaft zur Verfügung. Das kulinarische Angebot, die Sport- und Wellness-Einrichtungen oder die Spielmöglichkeiten samt Kinderbetreuung sorgen für einen Rundum-Wohlfühleffekt für die ganze Familie. Auch wenn es ein wenig amerikanisiert wirkt, ist das Hotel für gestresste Familien sicher eine Alternative für einen unbeschwerten Urlaub!

Kinderhotel Oberjoch · Am Prinzenwald 3 · 87541 Bad Hindelang-Oberjoch · Tel. 0 83 24/70 90 · www.kinderhoteloberjoch.de · Haltestelle: Bahnhof Sonthofen, Bus bis Bad Hindelang-Oberjoch, Fußweg ca. 5 Min.

Das farbenfrohe Kinderhotel in Oberjoch

Fast angekommen an der Willersalpe

75

Nur zu Fuß zu erreichen

Almwirtschaft wie vor 100 Jahren ist im Allgäu kaum noch zu finden. Auf der Willersalpe wird sie aber genauso betrieben. Oberhalb von Hinterstein produzieren drei Brüder leckeren Bergkäse. Ohne Zufahrt sorgen – inspiriert von einem Aufenthalt in Tibet – einzig Haflinger und Esel für Nachschub an Waren des täglichen Bedarfs.

Als sich vor Jahren den Brüdern Bertele die Chance bot, die Alpe samt der 300 Hektar Weidefläche aus dem Besitz der Wittelsbacher zu übernehmen, überlegten der Zimmermann Stefan, der Elektriker Christian und Markus der Schreiner nicht lange und sattelten um. Obwohl weder eine Straße noch ein Lift hinaufführt. Seitdem erfolgt die komplette Versorgung mit allem, was zum Bewirtschaften nötig ist, auf dem Rücken von Transporttieren, die den gleichen Weg wie die Wanderer nutzen. Einer der Brüder macht sich während der Sommermonate ein- bis zweimal die Woche auf diesen mühsamen Weg. Zweieinhalb bis drei Stunden dauert es, um mit den Tieren die Lebensmittel und Materialien aus dem Tal heraufzubringen. Wanderer erreichen die Willersalpe von Hinterstein aus in circa eineinhalb Stunden.

Die frische Alpenmilch, die zweimal am Tag beim Melken ihrer 24 Milchkühe gewonnen wird, wird gleich zu Butter und zu Käse verarbeitet. Die fertigen Milchprodukte werden dann, natürlich frisch, in der Alpe angeboten. Das schmeckt, denn die Kühe verbringen den ganzen Sommer auf den saftigen Almwiesen.

Die Brüder leben im Sommer von der Sennerei und der Bewirtung der Wanderer. Zudem gibt es noch ein Matratzenlager, das Platz für bis zu 30 Personen bietet. Der dafür nötige Strom wird mit Solarzellen produziert. Ein Notstromaggregat sorgt aber für genügend Energie, um die Melkmaschine und die Waschmaschine zu betreiben. Von der Willersalpe aus gibt es zahlreiche Wandermöglichkeiten unterschiedlicher Dauer und Schwierigkeit wie den Jubiläumsweg (8 Std.), den Weg vorbei am wunderschönen Schrecksee (4 Std.) oder über den Ponten und Bschiesser zum Iseler (5 Std.).

Zur Willersalpe · Mai–Nov. durchgehend geöffnet, im Winter nach Absprache · Hintersteiner Strasse · 87541 Bad Oberdorf · Tel. 01 71/9 93 98 47 · www.willersalpe.de · Haltestelle: Bahnhof Sonthofen, Fußweg ca. 1,5 Std.

Und wo bitte sind jetzt meine Kühe?

76

Allgäuer Viehscheid

Jedes Jahr im September bringen die Bergbauern an 32 Orten ihr Vieh wieder zurück ins Tal. Spektakulär, in festgelegter Reihenfolge und unter großem Interesse vieler Zuschauer und Touristen. Diese Viehscheide gibt es nur im Allgäu. Und dabei herrscht Volksfeststimmung pur!

Man hat also die Qual der Wahl. Der erste Allgäuer Alpabtrieb im Jahr ist der Viehscheid von Bad Hindelang. Hier wird das Vieh der umliegenden Alpen zu fünf Herden vereint und im Stundentakt vom Berg heruntergetrieben. Vorbei an Marktbuden, Verkaufsständen und Musikkapellen. Es ist ein richtiges Volksfest, das die Hirten für 100 Tage Verantwortung für das Vieh sowie die Herstellung von Butter und Käse in Handarbeit auf der Alp feiert. Im Gegensatz zu einer üblichen Kirmes ertönt im fröhlichen Markttreiben allerdings immer wieder das »Gebimmel« des Braunviehs, das das Ganze erst zu dem macht, was es ist. Die Kuhglocken sind aber nicht nur hübsch anzusehen, sie sind auf dem Berg auch enorm wichtig. Denn nur so wissen die Senner stets, wo sich ihre Kühe gerade herumtreiben.

Kaum im Tal angekommen, werden die Rinder an einer Sammelstelle in Empfang genommen und anhand ihrer Brandzeichen beziehungsweise ihrer Nummern im Ohr und unter lautem Geschrei ihren Besitzern zugeordnet. Mit dem schönen Blumenschmuck des »Kranzrinds«, also der Leitkuh, hat es eine besondere Bewandtnis. Als Zeichen der Freude wird nur dann »gekränzt«, wenn während der Saison auf der Alpe keine Unfälle passiert sind und alle Tiere wieder heil ins Tal aufbrechen können. Die etwa 27 000 Jungtiere und 3000 Milchkühe verbringen nämlich den warmen Teil des Jahres frei laufend auf den Wiesen der Alpen, und leider kommt es immer wieder vor, dass ein Tier abstürzt oder dort oben erkrankt. Ist also »gekränzt«, war es ein gutes Jahr für den Bauern, ist dem nicht so, kommt wahrscheinlich die Herde nicht vollzählig zurück. Ein sehenswertes Spektakel!

Die Termine der Allgäuer-Viehscheide sind im Internet zu finden.

Viehscheid Bad Hindelang · jedes Jahr am 11. September 8.30–12.30 Uhr · Festplatz auf der Ach, Ostrachstraße · 87541 Bad Hindelang · www.bad-hindelang.de · Haltestelle: Bahnhof Sonthofen, Bus bis Bad Hindelang, Fußweg 15 Min.

Teil des original erhaltenen Gebäudes der »Oberen Mühle«

Was darf's zuerst sein?

In dem historischen Gebäude befindet sich nicht nur das gleichnamige Gasthaus, sondern auch eine Biokäserei und ein Antiquitäten- und Heimatmuseum. Übernachtet werden kann im Hotel im Neubau. 1433 erstmals erwähnt, wird die ehemalige Sägemühle heute vielfältig genutzt.

»2 Äugle gegeneinander zwischen 2 Bick grad« ist das Zeichen der Mühle. Diese Hausmarken dienten früher den Besitzern zur Bezeichnung des eigenen Hauses.

1987 erwarb die Familie Egger-Rohrmoser die »Obere Mühle« und baute sie zum Gasthaus um. Die regionalen, aber auch internationalen Spezialitäten des mehrfach ausgezeichneten Restaurants gibt es in einer originalen Stube aus dem 17. Jahrhundert. Sieben Jahre später entstand unter der Tenne eine Sennerei mit natürlichem Felsenkeller. Weil die Kühe den ganzen Sommer im Freien verbringen, klares Wasser saufen und saftige Gräser und Kräuter sowie im Winter nur Heu und mineralstoffreichen Getreideschrot fressen, wird aus der täglich frisch gemolkenen Heulandmilch Biokäse. In der Bio-Schaukäserei wird nicht nur würziger Bergkäse, es werden auch weitere Käsesorten hergestellt, die ihre Reife anschließend im hauseigenen Felsenkeller erhalten. Im dazugehörigen Laden gibt es Käse, verschiedene Marmeladen aus dem Obst der Region, Honig, Obstschnäpse, Weine und diverse Schinken- und Wurstspezialitäten.

▶ **Im angeschlossenen Café & Bistro Thein gibt es leckeren Kaffee und Kuchen, es finden aber auch verschiedene Kurse wie z. B. ein Messerschmiedekurs, und Veranstaltungen statt.**
www.cafe-thein.de

Das Angebot des Antiquitätenstadels reicht von Bauernschränken, Tischen und Stühlen über Meissner Porzellan bis hin zu alten Uhren und Schmuck.

Der Hindelanger Heimatdienst hegt und pflegt alte Traditionen und hat in den Räumen der alten Sägerei ein kleines Heimatmuseum eingerichtet, das täglich geöffnet ist.

Obere Mühle · Ostrachstraße 36–40 · 87541 Bad Hindelang · Tel. 0 83 24/28 57 · www.obere-muehle.de · Haltestelle: Bahnhof Sonthofen, Bus bis Bad Hindelang, Fußweg ca. 30 Min.

Ein Hauch von Alaska

Jedes Jahr treten beim Deutschlandcup in Unterjoch Mushers aus ganz Europa mit ihren Gespannen an. Gestartet wird in unterschiedlichen Kategorien, vom Skijöring bis zu Gespannen mit 16 Huskys. Ende Januar beginnt das spannende Spektakel mit bis zu 500 Schlittenhunden. Die Geschwindigkeit der Topgespanne liegt bei sage und schreibe 30 Stundenkilometern, bergab sogar bei 45. Die Strecken am Sonnenhanglift und nach Unterjoch sind besonders spektakulär. Sie gehören mit zu den schwierigsten, sind wegen der guten Sicht aber bei den Zuschauern sehr beliebt. Faszinierend, wie die Hunde nur durch Zurufe ihres Mushers gelenkt werden, immerhin haben die Gespanne die Länge eines Sattelzuges. Respekt vor diesen Akteuren.

Schlittenhunderennen · Tennisplatz in Unterjoch · 87541 Bad Hindelang · Tel. 0 83 24/89 20 · www.badhindelang.de · Haltestelle: Bahnhof Sonthofen, Bus bis Bad Hindelang-Unterjoch, Fußweg ca. 5 Min.

Schlittenhunderennen vor traumhafter Kulisse

Ein langer Spalt im Berg

Seit Urzeiten ist sie das Reich der märchenhaften Wilden Fräuleins »Stuzze Muzz«, »Tschudre Mudre«, »Maringga« und »Ringgede Bingge«. »Seid Ihr bereit, Euch zu uns zu wagen? So sollt Ihr uns willkommen sein, wenn Ihr mehr über uns erfahren wollt.« Wer diesen Rat der Wilden Fräuleins befolgt, gelangt auf einem von Sagen und Mythen umringten Weg zum Eingang der einzigen Schauhöhle des Allgäus. 300 Meter weit hinein geht es in die Urzeitwelt, vorbei an 120 Millionen Jahre alten Gesteinsformationen, dem Drachentor und am Höhlenrachen vorbei zum Höhlenkessel. Einen freien Blick auf den tieferen Teil der Höhle hat man von den 180 Treppenstufen hinunter, die mit festem Schuhwerk gefahrlos begehbar sind.

Sturmannshöhle · beim »Hirschsprung« zwischen Obermaiselstein und Tiefenbach · 87538 Obermaiselstein · Tel. 0 83 26/2 77 · www.obermaiselstein.de · Haltestelle: Bahnhof Oberstdorf, Bus bis Obermaiselstein, Fußweg ca. 20 Min.

Der Eingang zur »Sturmannshöhle«

80

Die Alte Eibe

Alt, älter, am ältesten …? Sicher gehört dieses Exemplar zu den ältesten Bäumen in ganz Deutschland. Die »Alte Eibe« steht im Hochtal von Balderschwang auf einer Alpwiese in 1150 Metern Höhe und beeindruckt nicht nur durch ihr Alter. Trockenheit hat sie nur selten erlebt, denn Balderschwang ist die regenreichste Gemeinde Deutschlands. Aufgrund der Höhenlage ist sie kleiner gewachsen als Eiben im Flachland. Die Bestimmung des Alters erweist sich deshalb als schwierig, da Stammteile fehlen. Versucht man das Alter über den Stammumfang herzuleiten, kommt man auf beachtliche 800 bis 4000 Jahre. Realistisch dürften aber 800 bis 1500 Jahre sein.

Alte Eibe · Dorf 16 · 87538 Balderschwang · Tel. 0 83 28/10 56 · www.balderschwang.de · ca. 1 km nordöstlich des Ortskerns an der österreichischen Grenze gelegen, oberhalb des Weges zur Oberen Socheralpe und zur Unteren Balderschwanger Alpe

Wie viele Jahre steht sie hier wohl schon?

Schindeln über Schindeln

Der Mensch musste sich beim Bau seiner Behausung schon immer dessen bedienen, was vor Ort zu finden war. Im Allgäu waren das Stein und Schiefer, Stroh und Schilf, Lehm und natürlich Holz. 1923 gründete der Großvater des heutigen Firmenchefs einen Holz verarbeitenden Betrieb im Ortskern von Thalkirchdorf. Damals wurden neben den von Hand geschnitzten Holzschindeln auch »Heinzenschwingen« für die Heutrocknung hergestellt. Aus Platzmangel entstand 1998 das »Schindelzentrum Allgäu GmbH« in Salmas. Auf dem 2000 Quadratmeter großen Betriebsgelände lebt die alte Tradition der Schindelherstellung weiter, und der einstige »Arme-Leute-Baustoff« ist heute wieder in und günstiger als man denkt!

Schindelzentrum Allgäu · Salmas 35 · 87534 Oberstaufen · Tel. 0 83 25/4 58 · www.schindelzentrum.de · Haltestelle: Bahnhof Oberstaufen, Fußweg ca. 5 Min.

Hier werden Schindeln noch in Handarbeit hergestellt.

Der »Gumpenjuck«

Schon allein ihrer Schönheit wegen sind die Buchenegger Wasserfälle einen Besuch wert. Aber wenn das Wetter stimmt und es warm ist, geht es dort zu wie in Acapulco. Dann stürzen sich nämlich mutige Gesellen wie an der Felsklippe »La Quebrada« in die Tiefe. Aus bis zu 22 Metern Höhe!

In einem Waldstück zwischen Steibis und Buchenegg versteckt, liegt eines der ältesten Erlebnisbäder Deutschlands. Es geht auf ausgeschilderten Wanderwegen von Steibis dorthin, wo sich der Gebirgsbach Weissach tief in die Sandsteinschichten eingegraben und die Buchenegger Wasserfälle geschaffen hat. Hier, zwischen dem »Beton Gottes«, wie man die Formationen aus Nagelfluh-Stein nennt, ergießt sich über zwei Terrassen tosendes Wasser in jene Becken, die in der Allgäuer Mundart als »Gumpen« bezeichnet werden. Der untere der Buchenegger Wasserfälle hat einen tiefen Kessel gegraben: bachabwärts mit seichtem Wasser, Kiesstrand und einem schmalen Ausgang zur weiteren Schlucht, bergwärts von hohen Felswänden umgeben. Das Becken erreicht an seiner breitesten Stelle einen Durchmesser von über 20 Metern und wird selbst im Hochsommer kaum wärmer als 16 oder 17 Grad Celsius. Am Wochenende zieht es dann wagemutige, meist junge Männer hinauf auf die Felsen. Von Felsabsätzen stürzen sie sich hinab, »jucken« in die »Gumpen«. Die höchste Absprungstelle liegt bei unglaublichen 30 Metern über dem Wasser. Allein die Kletterei hinauf setzt schon einigen Mut voraus. Weit weniger gefährlich ist der Wanderweg, von dem aus die »Gumpenjucker« in das obere Becken springen. Ein Baumstamm, dessen Rinde schon abgewetzt ist und der quer über einem Felsspalt liegt, dient als »17-Meter-Sprungbrett«. Weil er vom Ufer aus am besten zu sehen ist, wird er von den Springern mit großem Vergnügen benutzt. Das Wasser ist dort mehr als fünf Meter tief, und die »Jucker« behaupten, der Sprung sei deshalb nicht sonderlich gefährlich. Aber Achtung: Das Hineinspringen in die Wasserfälle ist gefährlich! Also nur in Begleitung ortskundiger »Jucker« springen.

Naturerlebnisbad Buchenegger Wasserfälle · 87534 Oberstaufen · www.buchenegger-wasserfaelle.de · Haltestelle: Busbahnhof Oberstaufen, Fußweg ca. 60 min., besser mit dem Auto

Für solche Sprünge braucht es außer Mut auch etwas Verrücktsein.

83

Kuhmilch mal anders

In Sigishofen wird sie hergestellt, die einzigartige Allgäuer Kuhmilch-
seife. Kuhmilch ist die weltweit am häufigsten vorkommende Milchsorte
und wird seit jeher gern zur Körperpflege und als Badezusatz verwendet.
Hier ist sie ein Zusatzstoff bei der Seifenherstellung. Ursprung und Natür-
lichkeit ist der Firma HolzAlpe wichtig. Denn durch Beigabe von Kuhmilch
entsteht eine cremige Naturseife, die fettet und vor allem für trockene Pro-
blemhaut geeignet ist. Im Werksverkauf gibt es aber auch Geschenke und
Deko-Artikel, die aus verschiedenen Laub- und Nadelhölzern gefertigt werden. Jeden Tag findet zudem eine Führung durch die Produktion statt.

Die HolzAlpe · Mo–Fr. 9.30–18 Uhr · Sigishofen 56 · 87527 Ofterschwang · Tel. 0 83 21/6 18 56 44 ·
www.die-holzaple.de · Haltestelle: Bahnhof Sonthofen, Bus bis Sigishofen, besser mit dem Auto

»Schoko-Kuhfladen«

In einem unscheinbaren Laden ist sie untergebracht, die Schoko-
Manufaktur. Hier lässt sich die experimentierfreudige Chefin Michaela Milz
ständig neue und witzige Geschenkideen aus Schokolade einfallen. Der
Verkaufshit sind aber ihre »Schoko-Kuhfladen«, die es, wie die meisten
anderen Leckereien auch, aus verschiedenen Schokoladensorten und mit
unterschiedlichen Zutaten zu kaufen gibt. Hergestellt aus Edelvollmilch-
schokolade, mit Haselnüssen und diversen Dinkelflakes und -pops. Sogar
die Verpackungen sind selbst entworfen. Für Leckermäuler eine der ersten
Adressen im Allgäu. Kein Wunder, dass die Zahl der Fans stetig steigt und
Michaela Milz schier nicht mehr mit der Produktion nachkommt.

Schoko-Kuhfladen-Manufaktur · Mo–Fr 13.30–18 Uhr · Am Angerl 1 ·
87527 Sonthofen-Altstädten · Tel. 0 83 21/7 80 48 48 · www.schoko-kuhfladen.de ·
Haltestelle: Bahnhof Sonthofen, Bus bis Altstätten, besser mit dem Auto

Seife aus Kuhmilch in Hülle und Fülle.
Leckere Kuhfladen? Aus Schokolade schon!

85

Vom Wasser geschaffen

Die zwischen Grünten und Wertacher Hörle in einer Höhe von 1070 Metern entspringende Starzlach bahnt sich seit Jahrtausenden ihren Weg durch etliche kesselförmige Wassermühlen und über Felsabstürze hinab in die Klamm. Dabei zwängt sie sich an fossilen Gesteinsschichten und Felswänden vorbei, wo mit etwas Glück sogar Versteinerungen gefunden werden können. Darunter auch die der seltenen Krabbe *Xanthopsis sonthofenensis*. Die Mitnahme von Fahrrädern in die Klamm, die erst 1932 erschlossen wurde, ist übrigens nicht gestattet – was aber bei den steilen Zufahrtswegen auch nicht unbedingt empfehlenswert ist. Hunde dürfen gern mit, allerdings nur an der Leine. Die Klamm kostet Eintritt.

Starzlachklamm · je nach Witterung Ende April–Anfang Nov. · 87527 Sonthofen · Tel. 08321/88988 · www.starzlachklamm.de · Haltestelle: Bahnhof Sonthofen, Fußweg ca. 45 Min.

Die Brücke führt über den Bach Starzlach.

Auf dem »Büchel«

Die schlichte Kapelle ist schon von Weitem zu erkennen. Sie liegt etwa zwei Kilometer von Sonthofen entfernt im Ortsteil Berghofen auf dem sogenannten »Kirchbichl«, einem Moränenhügel, zwischen malerischen Bauernhäusern. Sie beherbergt neben Resten gotischer Wandmalerei auch einen kunstvoll geschnitzten Flügelaltar aus dem Jahr 1438. Heute ist die malerische Kapelle besonders als Hochzeitskirche beliebt – und meistens geöffnet. Von hier aus können schöne Wanderungen auch in die Umgebung unternommen werden. So führt unter anderem ein Wanderpfad durch die kleine Klamm des »Burgstall Tobels« direkt in den Sonthofener Ortsteil Walten.

St. Leonhard · Auf dem Büchel · 87527 Sonthofen-Berghofen · www.sonthofen.de · Haltestelle: Bahnhof Sonthofen, Fußweg ca. 35 Min.

Die Kapelle St. Leonhard auf dem Büchel von Berghofen

Mitten in der Kaserne

Es ist das einzige Gebirgsjägermuseum Deutschlands. Man kann es aber nicht so einfach besichtigen, es liegt nämlich auf dem Gelände der Grüntenkaserne im Wachgebäude. Um dort hineinzukommen, muss man klingeln und sich anmelden. Aber aufgepasst, ohne Ausweis gibt es keinen Einlass!

Das Gebirgsjägermuseum in Sonthofen gibt es seit 1993. Es ging aus der 1987 gegründeten Traditionssammlung des Gebirgsinstandsetzungs-Bataillons 8 hervor. Die Sammlung zeigt nach dem Umzug ins Wachgebäude auf einer Ausstellungsfläche von ca. 240 Quadratmetern die Geschichte der Deutschen Gebirgsjäger von 1915 bis heute. Ein Besuch lohnt schon deshalb, weil sich dort auch Ausstellungsstücke befinden, die nicht immer den allgemeinen Vorstellungen entsprechen, aber trotzdem original sind.

Auf acht Räume verteilt, hat sich das Museum zur Aufgabe gemacht, den Soldaten der Bundeswehr, speziell denen der Gebirgstruppe, aber auch allen anderen Besuchern ein besonderes Kapitel der deutschen Militärgeschichte nahezubringen. In der relativ jungen Geschichte der Gebirgstruppe spielte nämlich das Allgäu 1915 bei der Gründung der Deutschen Gebirgstruppe in Immenstadt und Sonthofen eine große Rolle. Und für die Gemeinden ist dies ein wichtiger Teil der Heimatgeschichte.

Im Museum gibt es folgende Themenbereiche: die Entstehung der deutschen Gebirgstruppe, das Jäger-Regiment 3 und die Schneeschuh-Ersatzabteilung, die Gedenkstätten der deutschen Gebirgstruppe I. WK, Sonthofen als Garnison 1915–1918, die Gebirgstruppe der Reichswehr, die Gebirgstruppe der Wehrmacht, Sonthofen als Garnison 1936–1945 und die Gebirgstruppe der Bundeswehr im Allgäu. Darüber hinaus können Uniformen, verschiedene Waffen und Orden bestaunt werden, und Fotos und Dokumente informieren über die Geschichte des Militärs. Sollte die Bundeswehr ihre Truppen im Allgäu reduzieren, wird das Museum wahrscheinlich geschlossen werden.

Historische Sammlung der Gebirgstruppe Sonthofen · Mitte Dez.–Mitte Okt. So 10–12 Uhr · Grüntenkaserne · Salzweg 24, Torgebäude (Wache) · 87527 Sonthofen · Tel. 0 83 21/2 78 30 24 · www.sonthofen.de · Haltestelle: Bahnhof Sonthofen, Fußweg ca. 15 Min.

Ein Gebirgsjäger in Uniform

88

Die Lädine

Das Vergnügungsschiff »Santa Maria Loreto« ist einem mittelalter-
lichen Lastensegler nachempfunden. Im Sommer startet das etwas
kleinere Schwesterschiff der Lädine vom Bodensee zwei- bis dreimal
täglich zu einer gut einstündigen Rundfahrt über den schönen
Großen Alpsee.

Das Wort »Lädine« kommt aus dem Alemannischen, wo »Lädi« so
viel wie Last bedeutete. Lädine oder Segner wurden dann die Schiffe
genannt, die eindeutig mediterrane Merkmale des Schiffsbaus aufweisen.
Tatsächlich hat man dort, wo die Römer waren, Überreste solcher Schiffe
gefunden. Seit dem 15. Jahrhundert befuhren solche Lastsegelschiffe auch
den Bodensee. Auf den Lädinen wurde das Salz vom Bodensee an den Alpsee befördert, denn die Salzstraße verlief damals entlang des Alpsees durch
das Konstanzer Tal in Richtung Bodensee.

Für die Beförderung von Passagieren wurde die »Santa Maria Loreto«
einer historischen Lädine, allerdings in verkleinerter Form, nachempfunden.
Mit zwei Masten und einer Gaffel-Takelage ausgestattet, wurde das 12
Meter lange und 3,20 Meter breite Schiff im Jahr 2003 auf den Bootswerften
Michelsen in Friedrichshafen und Hartmann in Hard am Bodensee komplett
aus Douglasien nachgebaut. Das segelfertige Gewicht beträgt bei einer
Segelfläche von 44 Quadratmetern inklusive »Ladung« 9,2 Tonnen. Dafür,
dass der Segler, der maximal 25 Passagiere fasst, auch bei Windstille sicher
in den Bühler Hafen zurückkehren kann, sorgt ein Elektromotor. Für drin-
gende Bedürfnisse besitzt die »Santa Maria Loreto« sogar eine Bordtoilette.

Der Betrieb des Schiffes wurde aus Mitteln der Europäischen Union, des
Freistaats Bayern und der Stadt Immenstadt finanziert. Der gemeinnützige
Verein »Historischer Segler Alpsee-Immenstadt e. V.« stellt die ehrenamtlich
tätigen Schiffsführer, übernimmt den Betrieb am See und ist für die Wartung
des Schiffes verantwortlich. Das Schiff kann auch für Familienfeiern,
Betriebs- oder Vereinsausflüge und sogar für Trauungen gebucht werden.

Verein Historischer Segler Alpsee Immenstadt e.V. · Mai–Okt. tgl. 2- bis 3-mal Fahrten ·
Seepromenade 15 · 87509 Immenstadt · www.alpseesegler.de ·
Haltestelle: Bahnhof Immenstadt, Fußweg ca. 30 Min.

Willkommen auf der Lädine vom Großen Alpsee!

»Zirkustiere« – so weit das Auge reicht!

Der etwas andere Zirkus

Laut Guinnessbuch der Rekorde ist das der kleinste Zirkus der Welt. Auf Löwen und Elefanten wartet man vergeblich. Hier gibt's eigentlich nur Haustiere, die aber mit verblüffenden Kunststücken überraschen. Dieter Schetz lebt und arbeitet mit ihnen hier auf seinem einzigartigen »Zirkus-Hof«.

Diesen speziellen Zirkus leitet der Alleinunterhalter, Zirkusdirektor und Dompteur ganz allein. Schnell hat er alle Umstehenden mit seinem fantastischen Witz und den zauberhaften Tricks in seinen Bann gezogen. Doch die eigentlichen Stars der Manege sind andere: allseits bekannte Haustiere mit außergewöhnlichen Fähigkeiten. Da stürzt sich eine Ente todesmutig über eine Rutsche in die Tiefe und dann ins Bassin. Katzen werden mittels lockendem Würstchen und viel Geduld dazu gebracht, durch eine Wand aus Zeitungspapier zu springen, einen Hahn auf dem Rücken zu tragen oder von einem hohen Podest auf den Arm ihres Dompteurs zu springen. Ein anderer Hahn lässt sich hypnotisieren, um dann auf Kommando zu krähen. Es gibt Hunde, denen nichts zu heiß ist, Schweine, die durch Feuerreifen rutschen und vieles, vieles mehr. Über 50 Tiere warten nur darauf, die Zuschauer mit ihren kleinen Kunststückchen zu begeistern – mit einfachsten Mitteln inszeniert vom Dompteur Schetz und stets mit dessen bekannt trockenen Kommentaren unterlegt.

Hier auf dem Hof leben sie allerdings nur, aber allein die Atmosphäre ist einen Besuch wert. Wer die Rasselbande live erleben möchte, darf einen der vielen Auftritte keinesfalls verpassen. Die Orte des Geschehens sind unterschiedlich. Fußgängerzonen, Volksfeste und andere Veranstaltungen. Wenn der »Zirkus Liberta« mit seinem speziellen Wagen haltmacht, ist etwas geboten. Dieter Schetz entpuppt sich auch schnell selbst als sympathisch schräger Vogel. Exoten kommen ihm nicht ins Haus – oder in den Zirkus. Berührungsängste scheint es auch bei Kindern nicht zu geben. Da wird das Schwein angefasst oder ein Huhn im Vorbeigehen gestreichelt.

Zirkus Liberta · nach Vereinbarung · Göhlenbühl 7 · 87509 Immenstadt · Tel. 0 83 23/80 04 06 · www.zirkus-liberta.de · Haltestelle: Bahnhof Immenstadt, Fußweg ca. 1,5 Std., besser mit dem Auto

Gemälde und Särge

Särge als Leinwand sind ja nicht gerade die Norm. Für Alfred Josef Opiolka aber schon. Denn der gebürtige Pole und freischaffende Maler beschäftigt sich künstlerisch mit der Schönheit der Natur und bei seinen Malaktivitäten unter anderem auch mit dem Thema »Leben und Tod«.

Seit 1969 lebt Opiolka jetzt schon im Allgäu, aber erst seit 1981 als freischaffender Maler. Die Liebe zur Fassadenmalerei entwickelte Alfred Josef Opiolka schon in jungen Jahren, und diese wurde von seinem Meister, dem Kunstmaler Franz Weiss, auch entsprechend gefördert. Das war auch gut so, denn inzwischen gestaltet er Wohnräume, Fassaden im privaten sowie im geschäftlichen Bereich wie Praxisräume, Restaurants oder Wellness-Anlagen. Seine Energie und Ideen holt er sich aus der Natur. Als er schließlich vor einigen Jahren den Malauftrag eines Bestattungsinstituts erhielt und sich mit dem Thema Sterben und Tod konfrontiert sah, wurde die damit verbundene, intensive Auseinandersetzung auch zum Thema seiner Arbeit. Plötzlich sah er Särge in einem ganz anderen Licht. Spontan hatte er ein Bild vor Augen. Dieses setzte er um, und der erste bemalte Sarg mit göttlichen Symbolen aus der Natur war entstanden. Seitdem gehört die malerische Gestaltung von Verabschiedungsräumen, Sterbezimmern, Särgen, Kreuzen und Urnen zu seinem Angebot. Seine Philosophie lautet: »Wahre Kunst geht über das Leben hinaus.«

Im Sargladen ist auch Opiolkas Atelier samt erweiterter Galerie untergebracht. Dort können neben den bemalten Särgen auch seine Gemälde und andere Kunst-Objekte besichtigt werden. Ein großer Außenbereich gehört ebenfalls zur Ausstellungsfläche.

Kann farbenfrohe Malerei über den schmerzvollen Verlust eines geliebten Menschen hinweghelfen? Diese Frage kann sich wahrscheinlich nur ein Betroffener selbst beantworten, aber vielleicht kann sie einer Beerdigung etwas vom Gefühl der Hilflosigkeit nehmen.

Sargladen · Starzlachauen 3 · 87497 Wertach · Tel. 01 74/3 30 62 32 · www.sargladen.com · Haltestelle: Bahnhof Oy-Mittelberg, Fußweg ca. 10 Min.

Florale Gemälde auf Leinwand …
… oder auf handgefertigten Särgen!

Im Garten, mitten in einem normalen Wohngebiet

Kaffee und Kuchen nach Omas Rezept

91

Sind wir hier richtig? Dieser Gedanke kommt einem schon in den Sinn. Denn »Omas Gartenkaffee« liegt mitten in einem Wohngebiet. Genauer gesagt, im Garten eines Einfamilienhauses in Wiggensbach, einem kleinen Vorort von Kempten. Hausgebackene Kuchen zu handgefiltertem Kaffee, lecker!

Wie kommt man bloß auf so eine »verrückte« Idee? Einmal davon abgesehen, dass der Weg, an dem der Garten liegt, zum offiziellen Jakobsweg gehört. Monika Horil erzählt mit einem freundlichen und fragenden Lächeln im Gesicht, dass die beiden Betreiberinnen nicht mehr so richtig wissen, wie sie auf die Idee gekommen sind, an einem so ungewöhnlichen Ort ihr Gartenkaffee zu eröffnen. Dass es aber eine gute Entscheidung war, zeigt sich schnell. Denn neben dem von Hand gefilterten, leckeren Kaffee sind die von Elisabeth Müller, einer gelernten Bäckerin, selbst gebackenen Kuchen die Spezialität des »Gartenkaffees«. Der Kaffee wird von einer Kemptener Kaffeerösterei bezogen, und sämtliche Backzutaten stammen aus der unmittelbaren Umgebung und sind biologisch angebaut. Aus diesem Grund gibt es auch keine klassischen Torten mit Sahne, sondern ausschließlich nach Omas Rezepten gebackene Kuchen mit den Früchten, die die Saison gerade hergibt. Denn auch tiefgekühlte Früchte sind tabu – und das schmeckt man. Das kleine Gartenkaffee bietet an drei bis vier Gartentischen Platz für etwa 12 bis 15 Personen. Es ist aber erwünscht, dass man sich vor einem Besuch telefonisch ankündigt, auch im Winter! Dann steht einer gemütlichen Einkehr bei der sehr freundlichen Familie zum Frühstück oder zu Kaffee und Kuchen nichts mehr im Wege. Es fühlt sich an wie ein Besuch bei Freunden, nur mit dem kleinen Unterschied, dass man sie halt noch nicht kennt. Aber das ändert sich schnell, versprochen! Wer auf den Geschmack gekommen ist, kann sich hier seinen Lieblingskuchen oder seine Weihnachtsplätzchen backen und liefern lassen.

Omas Gartenkaffee · Mo–Do 13–17 Uhr, Fr–So 11–17 Uhr · Söllerweg 10 · 87487 Wiggensbach · Tel. 0 83 70/9 73 20, 0 83 70/14 46 · Haltestelle: Bahnhof Kempten, Bus bis Wiggensbach, Fußweg ca. 5 Min., besser mit dem Auto

Nach dem Klettern kann man sich auch mal hängen lassen!

Hier kletterten schon die »Großen«

Sie ist eine der ältesten Kletterhallen im Allgäu. Von außen sieht man das auch. Der ehemalige Industriebau macht, ehrlich gesagt, optisch nicht viel her, innen dafür aber umso mehr. Zur Eröffnung ließen es sich deshalb auch zahlreiche Kletterstars nicht nehmen, dabei zu sein.

Als die Halle 1994 in Seltmans im Beisein der internationalen Kletterszene, vertreten durch Arnaud Petit, Isabelle Pattissier, Ian Dunn und Alexander Huber, eröffnet wurde, stand eine Kletterfläche von 840 Quadratmetern zur Verfügung. Heute, nach mehreren Ausbauten, sind es mehr als 2000 Quadratmeter bei einer Wandhöhe von 16 Metern. Betrieben wird das Ganze von einem gemeinnützigen Verein, der das Ziel hat, den Sport zu fördern und unabhängig von Wind und Wetter die Möglichkeit zum Klettern zu bieten. Besonders Jugendliche und Familien sollen sich in lockerer Atmosphäre sportlich betätigen können. Der gesamte Erlös fließt entsprechend in den Erhalt und den Ausbau der Halle.

Das Projekt wurde 1993 von 20 klettersportlichen Individualisten mit viel persönlichem Engagement in Angriff genommen. Jedes der Gründungsmitglieder gewährte dem Verein ein zeitlich unbefristetes und zinsloses Darlehen und investierte zahllose freiwillige Arbeitsstunden. Und jedes Jahr ist es nach vielen Stunden der Revision und Reinigung wieder so weit. Dann warten die über 170 Routen und Boulder darauf, beklettert zu werden! Bei indirekter Beleuchtung durch den großen Überhang, um seine Technik zu verfeinern oder einfach nur zum Ausprobieren.

Auch für das leibliche Wohl ist gesorgt. Bei einer verdienten Pause mit Kaffee oder Limo kann man an der Theke ausgiebig fachsimpeln. Ist man dann auf den Geschmack gekommen, gibt es im Shop neben lustigen ALLGÄU-T-Shirts auch Kletterschuhe und Sicherungsgerät.

Um die Kletterhalle zu fördern und zu erhalten, unterstützen regionale Unternehmen und internationale Marken das Projekt.

Kletterhalle Seltmans · Juli–Aug. geschlossen · Heinrich-Nicolaus-Straße 15 · 87480 Weitnau-Seltmans · Tel. 0 83 75/82 19 · www.kletterhalle-seltmans.de · Haltestelle: Bahnhof Kempten, Bus bis Weitnau-Seltmans, Fußweg ca. 5 Min., besser mit dem Auto

Die Event-Ruine

Sechs Kilometer von Weitnau entfernt liegt auf 920 Metern Höhe die Burgruine Alt-Trauchburg. Die Überreste der ehemaligen Dynastenburg gehören zu den besterhaltenen Ruinen des Allgäus. Einen Großteil der Anlage kann man sogar noch an den Grundmauern erkennen. Heute ist die Burganlage Schauplatz für kulturelle Veranstaltungen und ein beliebtes Ausflugsziel. Der Nachwuchs beschäftigt sich im Spielbereich an der Kletterwand oder auf der Stechbahn, während es sich die Eltern im Biergarten der Burggaststätte gut gehen lassen! Vom Gasthof »Sonne« in Kleinweiler aus führt ein Spaziergang in 30 Minuten zur Ruine, und im Sommer wird hier einiges geboten.

Alt-Trauchburg · Burgführungen Juli–Sept. Mi 15 Uhr, Gruppen auf Anfrage · 87480 Weitnau-Kleinweiler · Tel. 0 83 75/80 46 · www.weitnau.de, www.burggaststättealttrauchburg.de · mit dem Auto von Kleinweiler aus Richtung Wengen

Hier finden im Sommer Konzerte statt.

Das kleinste Möbelhaus Deutschlands

Der Traum von einer individuell gestalteten Puppenstube wird hier Wirklichkeit. Es gibt nämlich nicht nur Puppenhäuser und Puppenmöbel, sondern auch Bausätze und maßangefertigte Puppenstuben, Zuschnitte, Rohbauten und Häuser mit kompletter Elektrik. Antike Puppenstuben werden hier sogar restauriert. Natürlich alles im gängigen Sammlermaßstab 1:12. Und viele Miniaturen, vor allem die gesuchten, werden in der hauseigenen Werkstatt selbst angefertigt. Eine Spezialität der Puppenwelt ist übrigens die Elektrik. Im Ausstellungsbereich sind nicht nur Puppenstuben, sondern auch Miniaturhäuser und -Geschäfte zu sehen. Besonders lustig anzuschauen sind die Gartenparty von Pippi Langstrumpf oder der Pumuckl.

Miniatur Puppenwelt Wengen · Mo–Fr 10–17 Uhr, Sa 10–13 Uhr · Lindauer Str. 22 · 87480 Weitnau-Wengen · Tel. 0 83 75/5 21 · www.miniatur-puppenwelt.de · Haltestelle: Bahnhof Wangen i. Allgäu, Bus bis Weitnau-Wengen, Fußweg ca. 5 Min., besser mit dem Auto

Die »Villa Kunterbunt« von Pippi Langstrumpf

Die beeindruckende Holzkonstruktion über der Tribüne der Freilichtbühne Altusried

Große Bühne im Freien

Sie war schon immer etwas Besonderes in Altusried und gilt als eine der schönsten Freilichtbühnen Deutschlands. Als Schauplatz vieler Theateraufführungen und Konzerte und mit der gewaltigen Dachkonstruktion erinnert sie mit etwas Fantasie an die Oper von Sydney. Nur eben aus Holz.

Der bayerische Hiasl war 1879 das erste Stück, das in Altusried aufgeführt wurde. Im Jahr 1952 fanden dann die ersten Freilichtspiele auf dem Gelände des Riedbachs statt, das 1993 schließlich von der Gemeinde gekauft wurde. Der Ausbau des Festspielgeländes und der Zuschauertribüne begann 1997 und wurde zwei Jahre später mit neuester Ton- und Lichttechnik fertiggestellt. Unter dem über 3000 Quadratmeter großen freitragenden Dach, das in Europa einzigartig ist, finden seitdem 2500 Zuschauer Platz. Mit einer tollen Sicht auf die Naturbühne, die, unterteilt in Bühne und Spielhang, eine Gesamtfläche von mehr als 4500 Quadratmetern hat. Genug Platz also für eindrucksvolle Szenenbilder.

Für die Premiere im Neubau bei den Freilichtspielen 1999 wurde eigens das Stück *Bauernkrieg im Allgäu* geschrieben, das im Jahr 1525 spielt. Weitere Stücke wie *Wilhelm Tell* und *Andreas Hofer* folgten. Daneben werden aber auch kleinere Eigenproduktionen aus Altusried aufgeführt. Dazu gehören Märchen wie *Schneewittchen und die 7 Zwerge*, *König Drosselbart* oder *Das tapfere Schneiderlein* und Abendproduktionen wie Shakespeares Komödie *Viel Lärm um Nichts* oder *Der Brandner Kaspar*. Doch damit nicht genug. Seit der Eröffnung der Freilichtanlage konnten inzwischen etwa eine halbe Million Zuschauer über 200 Aufführungen auf der Bühne verfolgen. Darunter auch zahlreiche Gastvorstellungen. Die Veranstaltungspalette reicht von Theater über Pop- und Rock-Konzerte bis hin zu Klassikkonzerten und Opernaufführungen. Die Besucher werden zudem vor den Aufführungen, in den Pausen und danach auf dem Vorplatz kulinarisch versorgt.

Freilichtbühne Altusried · Im Tal 17 · 87452 Altusried · Tel. 0 83 73/29 90 · www.altusried.de · Haltestelle: Bahnhof Kempten, Bus bis Altusried, Fußweg ca. 20 Min.

Von Wasserkraft und Gestein

Eigentlich fehlt nur noch die Loreley! Malerisch ist die Illerschleife nämlich schon, keine zwei Kilometer vom Ortskern Altusrieds entfernt liegt Kalden mitten im Weiler. Von der gleichnamigen Burgruine blickt man nämlich auf einen der letzten unverbauten Abschnitte der Iller.

Folgt man den Wegweisern Richtung Kalden, führt der Weg vorbei am Reiterhof Kalden bis zum Wanderparkplatz und der Burgruine. Unvorstellbar, mit welch schierer Kraft sich das Wasser hier seinen Weg durchs Gestein gebahnt haben muss, um diesen über 60 Meter tiefen Canyon zu schaffen. Da die Burg Alt-Kalden wegen Abrutschgefahr nicht mehr bewohnbar war, wurde nicht weit von der Stelle, an der die Burganlage früher stand, mit dem Bau der Neu-Kalden begonnen. Deren klägliche Überreste sind heute noch in Form der Rundturm-Ruine zu sehen. Da Not ja bekanntlich erfinderisch macht, bedienten sich ansässige Bauern nach einem Großbrand, der 1803 in Altusried wütete und 14 Häuser vernichtete, der Steine der verfallenen Burg, um ihre Höfe wieder aufzubauen. Später wurden damit sogar Teile des Neustädtischen Spitals von Kempten gebaut.

▶ **Neben der Hängebrücke bringt eine Fähre Wanderer ans andere Ufer der Iller.**

Von der Burgruine führen Treppen hinunter zu einem Wanderweg, der Richtung Fischers führt. Der Weg bietet immer wieder Gelegenheit, auf das mehr als 70 Meter hohe Steilufer des Illerdurchbruchs zu schauen. Unten am unbebauten Flusslauf werden Vogelfreunde vor allem im Winter an der bunten Vielfalt von Vögeln wie Entenvögeln, Graugänsen, Kormoranen, Bläßrallen und Haubentauchern ihre Freude haben. Aber aufgepasst, das Vogelschutzgebiet darf nicht betreten werden. Auf dem Waldweg nach Fischers führt eine moderne Hängebrücke über die Iller. Der gesamte Bereich des Illerdurchbruchs ist ein schönes Wandergebiet mit toller Aussicht, Burgruine und sonnigem Picknickplatz. Fernglas nicht vergessen!

Illerdurchbruch · Kaldener Straße · 87452 Altusried · Tel. 0 83 73/70 51 · www.altusried.de · Haltestelle: Bahnhof Kempten, Bus bis Dietmannsried-Altusried, Fußweg ca. 30 Min., mit dem Auto: Abfahrt Dietmannsried-Altusried, den Wanderschildern »Burgruine Kalden Illerdurchbruch« folgen

Blick auf den Illerdurchbruch bei Altusried

97

Alpenland und mittel-
alterliche Kunst

Dass das Allgäu eine wunderschöne Landschaft zu bieten hat, dürfte sich ja schon herumgesprochen haben. In der Alpenländischen Galerie, im ehemaligen fürstabtlichen Marstall, treffen die Besucher aber auch auf Meisterwerke der Gotik in Form von Tafelbildern oder Flügelaltären sowie Schnitzereien.

Als Zweigmuseum des Bayerischen Nationalmuseums ist die Alpenländische Galerie zusammen mit dem Alpinmuseum im ehemaligen Marstall der Kemptener Fürstäbte untergebracht. Beide Museen wurden vom Bayerischen Nationalmuseum eingerichtet, das auch den Großteil der gezeigten Gemälde und Skulpturen stellt. Aber auch die Stadt Kempten stellt einige Leihgaben und ist für den laufenden Museumsbetrieb verantwortlich. Gezeigt wird religiöse, mittelalterliche Kunst des Alpenraums zwischen dem Bodensee und den Ostalpen; der Schwerpunkt liegt dabei auf Allgäu-Schwaben und Tirol. Zudem gibt es ein vielfältiges Begleitprogramm mit Vorträgen, musikalischen Aufführungen oder museumspädagogischen Veranstaltungen. Öffentliche Führungen durch die Alpenländische Galerie finden jeweils am zweiten Sonntag im Monat, um 11 Uhr statt. Für Gruppen können Sondertermine vereinbart werden, ebenso wie für die Themenführung »Künstlerische Techniken der Gotik«. Die Ausstellung in der Alpenländischen Galerie ist nur noch bis Oktober 2015 in Kempten zu bewundern.

▶ In Kempten gibt es noch eine Vielzahl weiterer interessanter Museen. www.museen-kempten.de

Für diejenigen, die mehr über die Geologie Süddeutschlands erfahren möchten, veranstaltet die VHS Kempten jährlich Exkursionen zu den weltberühmten Meteoritenkratern Nördlinger Ries und Steinheimer Becken bei Heidenheim. Dabei werden zahlreiche Steinbrüche, Burgfelsen, Weganrisse und Aussichtspunkte besucht sowie Gesteine, Fossilien und Phänomene eingehend untersucht. Manchmal sind dafür kurze, aber einfache Wanderungen erforderlich.

Alpenländische Galerie · März–Mitte Nov. Di–So 10–16 Uhr · Landwehrstraße 4, 87439 Kempten · Tel. 08 31/2 52 57 40 · www.museen-kempten.de · Haltestelle: Bahnhof Kempten, Fußweg ca. 5 Min.

Eingang zur Alpenländischen Galerie
Ausstellungsfläche der Alpenländischen Galerie

*1734   MARIA ANNA SCHWEGELIN   †1781

ZUR ERINNERUNG AN DAS LEIDEN UND STERBEN UNGEZÄHLTER FRAUEN, DIE WÄHREND DER JAHRHUNDERTELANGEN VERFOLGUNG ALS HEXEN DIFFAMIERT UND ERMORDET WORDEN SIND

ERINNERUNG IST DAS GEHEIMNIS DER VERGEBUNG

Der etwas versteckt gelegene Gedenkstein

Die letzte Hexe des Allgäus

Zugegeben, die Gedenktafel auf dem Residenzplatz ist etwas schlicht geraten, und der Gedenkbrunnen ist nicht mehr da. Aber die Geschichte »der letzten Hexe des Allgäus« rechtfertigt einen Besuch allemal. Außerdem gibt es in Kempten ja noch so vieles mehr, was es zu entdecken gilt!

In ärmlichen Verhältnissen und Waisenhäusern streng katholisch in Lachen aufgewachsen, wird Maria Anna Schwegelin zunächst Dienstmagd. Sie arbeitet auf Bauernhöfen und in Gasthäusern rund um Memmingen. Bei einer dieser Aushilfstätigkeiten lernt sie im Jahr 1751 den evangelischen Kutscher des Landsitzes Künersberg kennen und verliebt sich in ihn. Dieser verspricht ihr zunächst die Ehe, löst sein Versprechen aber nicht ein. Obwohl sie seinetwegen zum lutherischen Bekenntnis wechselte, muss sie den Hof verlassen. Die Konversion versuchte sie später wieder rückgängig zu machen. Aufgrund eines Beinleidens wird sie allerdings arbeitsunfähig und verwahrlost. In Kempten wird sie aufgegriffen und 1769 vom Leprosenhaus Obergünzburg aufgenommen. Um 1770 überstellt man sie in das Arbeitshaus Langenegg bei Martinszell, und die folgenden fünf Jahre leidet sie unter harter Arbeit und schlechter Verpflegung. Misshandlungen durch die amtlich als »Irre« bezeichnete Aufseherin sind an der Tagesordnung. Unüberlegte Äußerungen wie »Lieber beim Teufel als in diesem Haus in Pflege zu sein« besiegeln später ihr Schicksal. Als die Aufseherin entdeckt, dass einer der Kerkerknechte ihr etwas zu essen zusteckt, beschuldigt sie sie, mit dem Teufel im Bunde zu stehen. Das Todesurteil war gefällt. Allerdings gibt es zwei Versionen davon, wie es mit der Maria Anna Schwegelin weiterging. Die eine besagt, dass das Urteil nie vollstreckt und Maria Anna Schwegelin begnadigt wurde. Demnach soll sie 1781 im Zuchthaus des Stifts in Kempten verstorben sein. Nach einer anderen veralteten Meinung wurde das Todesurteil aber am 11. April 1775 vollstreckt. Aus »mildtätiger Gnade« soll sie geköpft worden sein, bevor ihr Leib auf dem Scheiterhaufen verbrannte.

Gedenktafel »Maria Anna Schwegelin«, letzte Hexe Deutschlands · Residenzplatz 4 · 87435 Kempten · Tel. 08 31/25 62 51 · www.kempten.de · Haltestelle: Bahnhof Kempten, Fußweg 5 Min. zur Südostseite der Residenz

Die etwas anderen Touren durchs Allgäu

Jetzt mal ehrlich, wer ist schon mal mit einem Segway gefahren? In Kempten geht es damit gleich auf eine richtige Ausfahrt. Das Angebot reicht von der Schnupper- bis zur Trekkingtour. Ein ganz besonderes »Fahrgefühl« und nach kurzer Eingewöhnung garantiert ein großes Vergnügen!

Segway-Fahren ist eigentlich ganz einfach und wie vieles andere eine Sache der Übung. Deshalb kommt vor der Praxis die Theorie in Form einer ausgiebigen Einweisung. Aber keine Sorge, es dauert nicht allzu lange. Wer mindestens 15 Jahre alt ist, zwischen 45 und 110 Kilogramm wiegt und die Haftungsausschlusserklärung unterschreibt, ist dabei. Ein Fahrradhelm wird kostenlos zur Verfügung gestellt. Feste Schuhe, bequeme Kleidung und bei Bedarf Mütze, Handschuhe oder Sonnenbrille sind mitzubringen. Zur Auswahl stehen die Touren »Fahrspaß pur mit Natur«, »Fahrspaß pur mit Kultur« oder eine Kombination aus beiden. Touren durch Kemptens City auf einem der derzeit modernsten Fortbewegungsmittel führen zum Beispiel über die Stiftsstadt zum Kornhaus, vorbei an der Residenz, dem Hofgarten, der Orangerie und weiter in die Reichsstadt. Vom Rathaus über die St.-Mang-Kirche und Erasmuskapelle zur Burghalde und zum modernsten Wasserkraftwerk Deutschlands.

Wer lieber im »Trekking-Modus« unterwegs ist, wird die »City-Adventure-Tour« durch und rund um Kempten vorziehen. Diese führt zuerst am romantischen Flusslauf der Rottach entlang und am Stadtweiher vorbei. Bei einem Zwischenstopp an den größten Stampfbetonbrücken der Welt mit Sicht auf das Wasserkraftwerk geht es weiter.

Bevor es losgeht, bekommt man natürlich erst einmal eine ausführliche theoretische Einweisung ins Fahren mit einem Segway. Zur Auswahl stehen City-Touren oder Trekkingtouren, die bis zu 3 Stunden dauern. Sollte das Wetter nicht mitspielen, können sie verschoben werden. Viel Spaß beim Balancieren!

Segway Kempten Allgäu · März–Nov. nach Anmeldung · Gewerbestraße 7 · 87439 Kempten · Tel. 08 31/1 34 53 · www.segagent-kempten-allgaeu.de · Haltestelle: Bahnhof Kempten, Fußweg ca. 5 Min.

Eine etwas andere Art der Fortbewegung durch das Allgäu

Register

Natur

Kunst und Kultur

Entspannung

Überraschendes

Alexander Pohle mit Hund »Buster« und NSU »Quickly«-Gespann

Verantwortlich: Ulrich Jahn, Marianne Rösler
Redaktion: Nadja Pietraszek
Layout: Roman Bold & Black
Repro: Repro Ludwig
Korrektorat: Anke Höhne
Umschlaggestaltung: Ulrike Huber
Kartografie: Kartographie Huber, Heike Block
Herstellung: Bettina Schippel
Printed in Slovenia by Florjancic

Sind Sie mit diesem Titel zufrieden? Dann würden wir uns über Ihre Weiterempfehlung freuen.
Erzählen Sie es im Freundeskreis, berichten Sie Ihrem Buchhändler, oder bewerten Sie bei Onlinekauf.
Und wenn Sie Kritik, Korrekturen, Aktualisierungen haben, freuen wir uns über Ihre Nachricht an Bruckmann Verlag, Postfach 40 02 09, D-80702 München oder per E-Mail an lektorat@verlagshaus.de.

Unser komplettes Programm finden Sie unter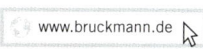

Alle Angaben dieses Werkes wurden vom Autor sorgfältig recherchiert und auf den aktuellen Stand gebracht sowie vom Verlag geprüft. Für die Richtigkeit der Angaben kann jedoch keine Haftung übernommen werden.

Bildnachweis: Alle Bilder des Innenteils stammen von Alexander Pohle; Umschlagvorderseite: Schloss Neuschwanstein (Shutterstock/Noppasin), »Gumpen-Springer« (Shutterstock/Witchaphon Saeng-aram), Käse (Shutterstock).

Die Deutsche Nationalbibliothek verzeichnet diese Publikation in der Deutschen Nationalbibliografie; detaillierte bibliografische Daten sind im Internet über http://dnb.d-nb.de abrufbar.

ISBN 978-3-7654-8298-4

Ein Tag, der bleibt.

Mit dem **Bayern-Ticket**
für **nur 23 Euro** und **5 Euro** je Mitfahre

Ticket gilt auch in:

Weitere Informationen, Ausflugstipps
und Kauf unter **bahn.de/bayern**

Mit persönlicher Beratung für 2 Euro mehr.
Erhältlich für bis zu 5 Personen.

Die Bahn macht mobil.